面白いけど笑ってはいけない！（国民の敵はここにいる）

日本をダメにしたパヨクの正しいdisり方

倉山 満　はすみとしこ

ビジネス社

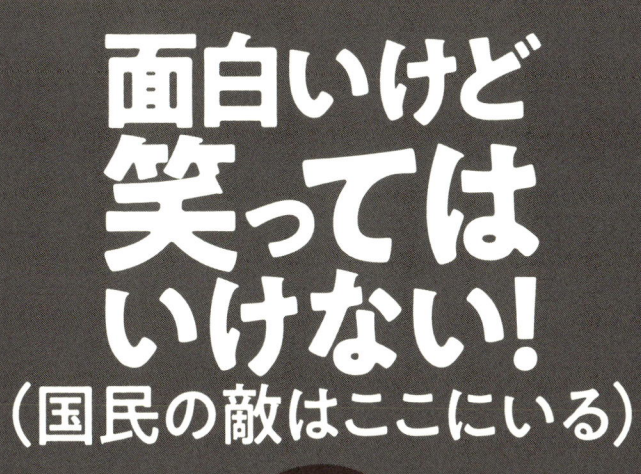

はじめに

日本人は敗戦から七十年間、「日本は悪い国だ」と教えられてきた。そして日本国が嫌いな人たちがいる。いわゆる「サヨク」だ。昔の「左翼」は頭が良くないとなれないものだったが、最近は日本の悪口を言うだけで商売になるようである。だから私は、そいつらを昔のインテリ左翼と区別して「パヨク」と呼ぶ。

一方、ソ連が崩壊し、北朝鮮が日本人拉致《らち》を認めるに及んで、左翼やパヨクの言うことをおかしいと思う日本人が増えてきた。中国や韓国が日本の悪口を言うたびに反感を持つ日本人も増えてきた。

インターネットの発達は「ウヨク」に発言の場を与えた。「戦後レジームからの脱却」すなわち「日本が敗戦国のままでは嫌だ」と主張する安倍晋三《あべしんぞう》内閣の登場で、ネット言論は沸き返った。インターネットの言論はパヨクをdis《ディス》る勢力の言論で沸き返る。いわゆる「ネトウヨ」だ。ちなみに、disるとは「叩《たた》く」の意味のスラングである。

今の安倍政権は、そろそろ六年になろうとしている。むしろパヨク勢力は元気なように見える。それを叩くネトウヨ言論も勢いを得ている。これは別にインターネットの世界だけではなく、新聞や雑誌など旧来の言論界でも、「アベ政治NO《ノー》」との主張と、「パヨクはおかしい。安倍さんはよくやっている。日本の為には安倍さんのやることは全部応援すべきだ」との反論の、二つ以外は見当たらない。要するに、「安倍晋三は0点だ」か「安倍晋三は100点」なのだ。

そもそも人間の評価に0点も100点もあるはずがない。ところが今の日本の言論界には、絶対に間違っている主張の二つしか存在しないのだ。

私とて、日本を貶《おとし》めることで商売をしているパヨク勢力は憎い。しかし、そんな連中の悪口を言うだけの商売をしている連中は、心の底から軽蔑《けいべつ》する。

いずれも、プロの言論人としての資格に欠けているからだ。言論の自由と議論参加資格は違う。プロの言論人たるもの、社会に向かって発言するに足る資格が求められるが、素人と変わらぬ言論しかできない者が玄人《くろうと》を気取っている。そして、純朴な人たちがそうした似非《えせ》プロに煽《あお》られて騙《だま》されていく。実に歯がゆい。

はっきり言う。ネトウヨはパヨクとじゃれ合いをして、飯を食っているのだ。あれで本気でパヨクを潰《つぶ》そうとしているのなら、プロとしての訓練を受けていないと断ぜざるを得ない。

そこで、私が「パヨクの正しいdisり方」を伝授しようというのが本書だ。悪いが、そこらのネトウヨの弱々しい攻撃ではない。本気で抹殺するには、相手が嫌がるやり方があるのだ。

共著者のはすみとしこさんは、杉田水脈《みお》さん、千葉麗子さんとの共著『悲しいサヨクにご用心！』でもお世話になった。
才能と可能性がある若手の表現者なので、読者諸氏の応援を請いたい。

倉山　満

面白いけど笑ってはいけない！
（国民の敵はここにいる）

●日本をダメにしたパヨクの正しいdis《ディス》り方——目次

第一章　マスコミ・出版　13

第二章 パヨク有名人　69

第三章 政党・政治家　95

第六章 モノホン・パヨク 205

第七章 パヨクを踏み台にする左上＝公明党　237

第一章

マスコミ・出版

右《みぎ》に左《ひだり》に
自由自在《じゆうじざい》…
シュッ
シュッ
その正体《しょうたい》は…
朝
朝
バーン!!
朝日流行新聞《あさひりゅうこうしんぶん》!!

倉山　どうも、どうも。
はすみ　よろしくお願いしま〜す。
倉山　本書は『パヨクの正しいdis《ディス》り方』ですが、「**パヨク**（※注）」という言葉は定着しているのでしょうか。
はすみ　パヨクという言葉ができるきっかけをつくった人が元アイドル千葉麗子さんですよね。ウィキペディアにはまだ項目がないようですが。
倉山　語源は千葉さんの『さよならパヨク〜チバレイが見た左翼の実態〜』『くたばれパヨク』（いずれも青林堂）に譲るとして、すでにネット・スラングとしては広がっていて、その音の響きから、「劣化左翼」「バカな左翼」「頭が悪い左翼」「頭がパーな左翼」といった意味で用いられています。
はすみ　「反日左翼」とか。
倉山　私たちにはおなじみの表現ですけどね。
はすみ　知らない方々も、この本を読み終わった頃には、パヨクのことをすっかりマスターできますよ。
倉山　そうですね。左翼とパヨクの違いもわかるかもしれません。

※注：パヨク
「パヨク」はネット上で自然発生したネットスラング。

はすみ　では早速、対談を始めましょう。パヨクを斬《き》る！

朝日新聞～常に二派に分かれる流行通信～

倉山　まず、左と言えば朝日新聞。敬意を表して、真っ先に朝日新聞から斬りましょうか。

はすみ　朝日新聞と言えば、慰安婦報道という長年にわたる大誤報ですね。

倉山　**朝日新聞は確信犯的**なところがあります。二〇一四年に、謝罪はしないまでも誤報を認めました。朝日が認めたことによって、いわゆる「従軍慰安婦問題」は日本国内的には、ほぼ解決しました。今や「従軍慰安婦はでっち上げだった」というのが日本人の共通認識になりました。ところが、朝日新聞の英字版では、いまだに表現を変えて続いています。完全に二枚舌。日本国内では、「あれは間違っていました」と言っておいて、海外の英語のほうではそのまま。

はすみ　NHKと一緒ですね。海外版のほうがムチャクチャ言っています。

倉山　さすがに、一時期言われていた「**sex slave**」は使われなくなりましたが、言葉を換えて「性供与を強制された（**forced to provide sex**）」と書かれ続けています。これでは意味が同じ。しかも、誤報の元になっているのは、吉田清治という人が書いた小説。これが証言として朝日新聞のスクープ記事になったのが、一九八二年九月二日（朝日新聞誤報問題）。

はすみ　吉田清治については、興味がないのであまり知らないんですけど、誰ですか。

はすみ　私の知っている範囲で申し上げますと、吉田清治というのは、少し経歴がいかがわしい小説家です。
倉山　小説家というと、ちょっと語弊があるので、空想作家。
はすみ　『私の戦争犯罪』は、吉田が自分の体験として書いています。その空想小説をフィクションとしてではなく、「真実」として出版しました。
倉山　ああ、メタフィクション。**エルウィン・ヨーゼフ二世の伝記**(※注)みたいなものですね（笑）。
はすみ　なんですか、それ？
倉山　正確には「ランズベルク伯アルフレットの日記」です。日本の古典に出てくる一次史料です。この本では難しいことは欄外に出てくるので、ご参照ください。ときどき、かなり深い教養にも切り込んでいますので、難しい話が苦手な方は読み飛ばしてください。
はすみ　吉田が書いたのが、韓国の済州島《チェジュド》に徴用隊として派遣されたときのこと。女性を無理やりトラックに放り込んだり、騙《だま》して連れ去ったりして、総数二百五名の女性を拉致《らち》し、船に乗せて出港したと（吉田清治『私の戦争犯罪』三一書房、一九八三年）。

※注：エルウィン・ヨーゼフ二世の伝記（ランズベルク伯アルフレットの日記）
田中芳樹の小説『銀河英雄伝説』に登場する銀河帝国ゴールデンバウム王朝第三十七代皇帝。第三十六代皇帝フリードリヒ四世の直系孫。わずか五歳で皇帝として擁立されるも、策謀により出奔し廃位とされる。

幼帝を出奔させたのは、フェザーン自治領へ亡命していたランズベルク伯アルフレットであるが、数年後に誘拐実行犯として捕縛される。

捕縛時には、幼帝エルウィン・ヨーゼフ二世のミイラ化した亡骸と、幼帝が亡くなるまでの詳細を記録した日記が発見された。日記の著者であるランズベルク本人は、精神科病院に収容される。幼帝誘拐の共犯だっこれを朝日新聞がピックアップして、全国的に取り上げるキャンペーンを張りました。一九八〇年代から九〇年代にかけて、十六回も全国的にPRしたのです。それもあって、「慰安婦問題」というのがまことしやかに、事実であるかのように日本中に定着していきました。

ところが、著者の吉田清治は晩年になって、あれはお金のために書いたと白状しました。数年経って、保守業界では吉田が嘘だと認めたというのが共通認識になっています。ところが、何人かの人たちに、世間に向けて嘘だと証言してほしいというオファーをしたところ、高齢を理由に断られた。「こんな年齢になって国民から袋叩きに遭うのはとてもじゃないが勇気がない」と言って、証言できたはずの人たちが亡くなっていってしまったのです。

長州力（モノマネ）**墓にクソぶっかけてやる！**

はすみ はっ⁉

倉山 こういうとき、朝鮮では「墓にクソぶっかけてやる！」と言うのです。

はすみ なるほど、含蓄深い（笑）。保守業界では、吉田清治はウソ

たレオポルド・シューマッハの証言により、ミイラ化した亡骸は別人のもので、日記もフィクションであることが判明した。

ランズベルク伯は詩を創作しサロンで発表するなど、文学的な才能の持ち主であった。本架空の「日記」もミイラが幼帝の亡骸であると人々に信じさせるだけの説得力があり、ランズベルク伯の最高傑作と目される。フィクションとして。

なお本物のエルウィン・ヨーゼフ二世の消息は不明とされ、作者である田中芳樹にもわからない。

倉山注：銀河帝国の貴族社会では名門のランズベルク伯の作品は褒めそやされたが、フェザーン自治領に亡命した際は、どこの出版社に持ち込んでも編集者から散々な批評を浴びせられた

を認めたことと、内容がフィクションだということが定説になっていて、段々とノンポリと言われる人たちにまで浸透していきました。最終的には、朝日新聞が読者からの問い合わせやクレームに耐えられなくなった。「お前の新聞、どうなっているんだ?」と。それで、朝日新聞がようやく誤報を認めたのが、二〇一四年です。もう四年前なのですね。

倉山　ここで、**一分でわかる朝日新聞の歴史**を言っておきましょうか。

はすみ　おっ、よろしくお願いします!

倉山　朝日新聞は、押さえておくポイントがいくつかあります。

　第一は、みなさんは朝日新聞を左と思っていますが、違います。流行通信です。第二に、社内が常に二派に分かれていて、一枚岩になったことがありません。

はすみ　派閥争いですか。

倉山　まず、社の起こりは明治時代。**自由民権運動に乗ってできた弱小新聞で、政府からも金をもらっていたマッチポンプです。**それが頂点に達したのが日露戦争に勝った後の日比谷焼打事件で、ロシアから賠償金をとれなかった「小村寿太郎の家を焼き打ちにしろ!」

上に採用されることがなかった。同じ物書きとして同情に堪えない。

と煽《あお》りまくる。マッチポンプから反政府になり、そのまま大正デモクラシーに突入したので、左の新聞になったのです。

そういう中で、創業者一族と叩き上げの実力者が喧嘩《けんか》する。あるいは、社長と主筆が喧嘩するという構図が常にある。一九六〇年代の村山派と広岡派の対立が有名ですね。最近だと主筆の若宮啓文《わかみやよしぶみ》と木村伊量《きむらただかず》社長の対立。

大正リベラリズムを煽りまくって、昭和に入ると今度は一九三一年に満洲事変が起きます。参謀次長の二宮治重《はるしげ》は、朝日新聞が事変に反対すると厄介なので、呼びつけて釘をさそうとしたら、圧力をかけられなかった。朝日新聞曰《いわ》く、「任せてください。我々はスクープが欲しいだけなんです」（笑）。

はすみ　ある意味、新聞社の鑑《かがみ》（笑）。

倉山　満洲事変で、朝日新聞は飛行機を飛ばしてスクープを取ってくる。ラジオに負けてなるものかと、先陣切って報道しました。勘違いした右翼が朝日新聞不買運動をやっているので、「勘弁してくれよ。我々は誰よりも事変を応援しているんだ」とボヤく。いつのまにか、対立する二派が右翼と極右になりました。

それからはリットン調査団の報告書なんかボロクソに言うし、国際連盟からの脱退を焚《た》き付けまくる。

二・二六事件の青年将校が来たとき、当時の主筆だった緒方竹虎《おがたたけとら》は「オレはお前らより右翼だ。何を勘違いしているのだ。周回遅れだぞ、てめえら」という勢いで追い返してしまったという新聞ですから。

支那事変のときには、尾崎秀実《おざきほつみ》という有名なスパイが事件を煽りまくりました。東条内閣のときには、読売新聞と一緒になって「腰抜け東条」と世論を煽る。同じ時代のドイツでヒトラーに、ソ連でスターリンにそんなことを言ったら銃殺刑ですけどね。

はすみ　そんな右翼だったのに、敗戦で急に左翼になるのですか。

倉山　ここが重要なのですが、昭和二十年八月十五日に、急に左転したわけではないのです。占領軍がやって来た当初はまだ右です。ところが、鳩山一郎《はとやまいちろう》の「原爆は戦争犯罪だ！」という発言を報道したために朝日新聞は発刊停止処分を受けました。戦中から戦後にかけて、印刷物のための用紙は統制物資です。紙がもらえなくなるので、これでは商売あがったりだということで、急旋回して左に向かいます。ただし、社内は相変わらず二派に分かれているので、**右翼と極右だったのが、左翼と極左に**なりました。

はすみ　振れ幅が激しいですよね。

倉山　まるでタップダンスです。

はすみ　反復横跳びみたい。

倉山　実は、**第二次安倍内閣のときに再び右傾化するチャンス**があったのです。朝日新聞主筆に若宮啓文という人がいました。第一次内閣のときに安倍おろしの先陣切ったと言えば格好いいですがパシリ、鉄砲玉をやった人です。その鉄砲玉が見事に生還しました。ところが安倍さんのほうも総理に返り咲きました。

当時、この若宮主筆と木村伊量社長は、メチャクチャ仲が悪かった。極左と左翼は一枚岩ではないんです。木村社長の権力基盤は、安倍さんが政権に返り咲いて最初の独占インタビューを朝日新聞で行ったことでした。安倍さんが消費税を八パーセントに上げないで、アベノミクスが二年で景気を回復させていたら、国民は「憲法改正ＯＫ！　九条ぐらい変えていいよ」という状況になっていたわけです。では、第一次安倍内閣の倒閣に奔走した朝日新聞は、その状況になったらどうしたか。木村さんは、「いや、あれはすべて若宮がやったことです」と言う予定だった。間違いない。

いまだに朝日が左にしがみついているのは、やっぱり戦後レジームが健在なのだと思っているからでしょう。マッカーサーに対して「本音では戦争に反対だったのですが、軍部の圧力が〜」と言い訳したのが、敗戦当時の朝日新聞の論法。でもマッカーサーがしばらく日本に居座ると見極めると、もはや時流は逆なので左転回。

それと同じように、復活した安倍さんにも「若宮の力が強過ぎて〜」と。慰安婦問題でも「あれはすべて若宮がやったことです」と言う予定。そういう新聞です。**日本が戦後レジームを脱却するときとは朝日新聞が「産経新聞ごとき左翼新聞」と書いたときです。**

はすみ　反復横跳びを繰り返してきた新聞社だから、今後また右に振れる可能性も、なきにしもあらず。

倉山　木村さんはクラウチングスタイルを取っていたのですよ。やる気満々で構えていたのに「あ、やっぱりやめよう」ということです。あれは安倍さんが悪い。
　皇室関係の報道では「大《おお》御心《みこころ》」ですよ。さらに、譲位の問題では産経新聞だけが反対していましたね。対する朝日新聞は、延々と一面で特集していて、「産経は逆賊新聞」だと言わんばかりですからね（笑）。我々が勝利するのは、「朝日が右傾化した日」です。

はすみ　なるほど。

倉山　朝日新聞を左と思ってはいけません。流行通信です。

はすみ　アンアン、ノンノ、朝日新聞。最初の二つに失礼かなあ。

毎日新聞～池田大作が第一面にいない聖教新聞～

倉山　朝日から始まったので、次は毎日新聞。読売や日経にも負けているので、四番手。野球だったらBクラス。永遠のBクラス新聞と呼んであげましょう。

はすみ　大きな事件としては、**百人斬り競争**がありましたよね。支那事変の頃の新聞記事がもとになったものですね。南京《ナンキン》大虐殺《だいぎゃくさつ》の具体例に挙げられてしまっていますけれども。

倉山　向井敏明少尉と野田毅少尉という二人の軍人さんが、支那人百人をどっちが先に日本刀で斬り殺すか競争したという話。

はすみ　だいたい刀で百人も斬れるわけがないじゃないの。

倉山　そうですよねえ。昭和十二年十一月三十日に東京日日新聞が第一報を載せてから、昭和十四年にかけて各紙が経過を報じています。これが創作記事だった。

向井さんが百六人で野田さんが百五人。しかし、どちらが早く百人斬ったかはわからないので新たに百五十人斬りが始まったなどと、勝手な記事を毎日新聞記者が書きました。それで敗戦後、二人は戦争犯罪人として罪に問われることになるのです。毎日新聞の人がウソ記事だと証言してくれなかったので、処刑されてしまったという話です（鈴木明『「南京大虐殺」のまぼろし』文藝春秋、一九七三年）。

はすみ　たまに歴史マンガなどで、その百人斬りの描写が出てきます。

倉山　ありますね。二〇〇四年に、本宮ひろ志の『国が燃える』（集英社）の連載にあった描写で、抗議を受けて回収に追い込まれたこともありました。単行本になるときは、該当箇所を削除してしまったという有名な話があります。

はすみ　そうです。マンガといえど、ちゃんと根拠を調べて書かないとマズイことになるんだな、と思った事件でした。マンガだから何描いてもいいわけではなくて、ビジュアル効果の高いマンガだからこそ影響力が強いですから。

倉山　先ほどの朝日新聞が流行通信だというのに比べると、どちらかといえば毎日新聞は本当に左ですね。**毎日新聞は、今や、一面に池田大作さんの顔写真が載っていない聖教新聞**ですから。三面の社説を見ると、「公明党の使命は重い」などと平気で書いていますからね。

はすみ　英字版でもWaiWai問題というのがありましたよね。Mainichi Daily NewsでWaiWai連載されていたWaiWaiというコラムで、「日本の母親は息子のマスターベーションを手伝う」など、妄想変態記事を平気で毎日新聞のブランドで配信していたという事件。

倉山　事実と空想の区別がつかない。

はすみ　パヨクはだいたい理想と現実がゴチャゴチャになっていますよね。理想は理想、現実は現実なのに、その区別がよくわかっていないんですよね。

倉山　南京大虐殺やら従軍慰安婦というのは、いわばエクストリームスポーツですね。

はすみ　スポーツね（笑）。従軍慰安婦なんか、本当にそう。

倉山　または住民運動と言っても過言ではないのですが。

毎日新聞は本当の左で、公明党寄り。思想が公明党で、反体制をやっている。**西山事件**(※注)で経営が傾いて、創価学会に入り込まれたと

※注：西山事件（外務省公電漏洩事件）
一九七一年の沖縄返還協定における日米の密約に関して、毎日新聞社の西山太吉記者が機密

世間では言われていますね。

はすみ　西山事件ってなんですか。

倉山　何年か前（二〇一一年）、ドラマ化してましたよ。TBS日曜劇場『運命の人』です。北大路欣也が佐藤栄作役で、クリソツ。もっくん（本木雅弘）が主役の西山記者なのですが、「美化してこれかよ!?」という描き方でした。

　毎日新聞社グループの中核印刷会社、東日印刷は二〇一七年六月に毎日新聞社の専務取締役から武田芳明氏を代表取締役社長に迎えており、武田氏は創価大学出身です。毎日新聞グループホールディングスの取締役管理統括でもあります。

はすみ　毎日新聞と創価学会の仲がいいのは有名な話ですね。創価学会と公明党と聖教新聞は一枚岩なので区別しなくていいと思いますが。

倉山　毎日は、朝日新聞のように「自分たちが上である」という意識がないのです。

はすみ　上とは何でしょう。

倉山　ここで少し説明しておきましょうか。

情報を入手し社会党議員に漏洩《ろうえい》。国家公務員法違反で有罪となった。

　この事件では、密約の真偽より、既婚の外務省事務官に近づき酒を飲ませて性交渉を結んだ上、恐喝して情報を入手するという西山記者の取材方法に世間の注目が集まった。

倉山注：既婚の事務官はドラマでは真木よう子が演じてえらく色っぽかったが、本物の蓮見《はすみ》喜久子事務官は、見た目は地味だったらしい。それでいて男関係は派手で、旦那も承知していたらしい。

　ということをノンフィクション作家の澤地久枝が夫婦たち本人への取材で確認している。

　もちろん共著者のはすみとしことは、同姓なだけで無関係である。

左翼や右翼のことを左、右と言いますよね。私はそれに加えて上と下という縦軸も設けて思想を四分割しています（**下図**）。「チャンネルくらら」の動画で解説していますし、書籍なら『この国を滅ぼさないための重要な結論』（ヒカルランド、二〇一五年）以降、いくつか書いています。

後でしっかりお話ししますが、左上は日本国が嫌いで日本政府の権力が大好き、左下は日本国も政府も嫌い、右下は日本国が大好きだから日本政府にも逆らわない、右上は日本国が好きだから政府の間違いは指摘する、とざっくり覚えておいてください。

はすみ　毎日新聞は反体制だから左下ですか。

倉山　朝日も毎日も左下なのですけど、朝日は自分たちを左上だと思って体制にくっついて行こうとするけれども、毎日にはその意識はないので、より左下。朝日は、左上のつもりのパシリ。

若宮はその突撃隊長で、死んでもいいから突撃させたら、安倍さんが案外弱くて生還して英雄になってしまいました。明らかに当時の財務省なんて、若宮など死んでもいいと思っていたのですけれどもね。

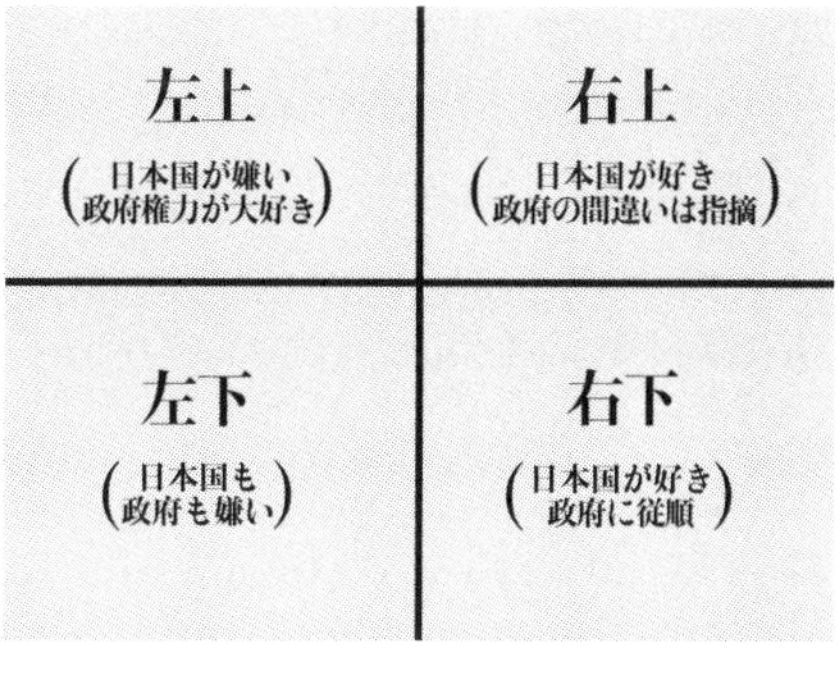

『サンデーモーニング』～偏向報道で、お年寄りからネトウヨまで大人気～

はすみ　毎日新聞グループと持株会社で繋《つな》がっているTBSと言えば、『サンデーモーニング』（日曜日朝八時～）です。

姜尚中　（モノマネ）**だからね、安倍内閣で日本は右傾化しているわけだ。**

はすみ　ちょっと。聞いてるこっちの血圧が上がるからやめてください！

倉山　姜尚中《カンサンジュン》と『サンデーモーニング』と関口宏って、はすみさんはどう思いますか？

はすみ　姜尚中は、喋《しゃべ》り方を聞いていると回りくどい。目の前にある答えに向かうのに、遠回り二周ぐらいしてからものを言う。

倉山　評論家ってラクな商売で、『サンデーモーニング』の評論家たちは、みんな言っていることはだいたい同じですよ。ワンパターンでひねりがない。

はすみ　考えの過程も一緒、結論も一緒で、各人それぞれ言い回しが微妙に違うだけ。あれを見ていると、一つのことを十通りの表現で言い表すことができれば評論家になれるのかなって思います。

姜尚中　（モノマネ）**ちょっと待ってね。そういうような言い方を、日本のネトウヨはするわけだけれども、僕はね、教授であってね、評論家じゃないんだよ。教授とか権威があって、カッ**

コいいでしょ。

はすみ　もう、いいから（笑）。姜尚中、話すときのカッポカッポという異音が気になってしょうがない。

姜尚中（モノマネ）**あのね、はすみさんね、そうは言うけれども、僕の重低音のこの声でね、バカな日本人の男は姜尚中の重低音ボイスで保守を論破するってね、マスコミの連中は勘違いするし、日本の女ってバカだからね、これで落とせるんだよね。**

はすみ　いやーあ、普通に気持ち悪いよ。あれでモテると思っているのだったら、本当にちょっとどうかなと思いますよ。

倉山　ちなみに、『サンデーモーニング』はケント・ギルバートさんも出ていたぐらいですからね。大昔ですけど。当初は、まだ一応バランスを取ろうという意思があったのです。

はすみ　最近、そういう意思がまったくないですよね。

倉山　だから、フェイスブックを見ていると、日曜朝、『サンデーモーニング』の悪口が流れてくるわけです。

はすみ　そうそう。みんな、まじめですよね。ちゃんと見てる。

倉山　『仮面ライダー』見てろよ。健全な日本人の生活は、日曜朝七時半に起きて八時半に寝る！『おジャ魔女どれみ』（テレビ朝日系）でも見てなさいという時代もあった。

はすみ　『おはよう！　ゲートボール』（テレビ朝日系）の時代も忘れないでね！

倉山　日曜の朝はテレ朝を見ていれば、『サンデーモーニング』に怒ることはないわけですよ。最近はジャニーズのニュース番組ができたせいで、『仮面ライダービルド』（二〇一七年九月〜）が九時に追いやられてしまいましたが。

はすみ　そういう意味では『サンデーモーニング』は大人気の番組ですよね。お年寄りからネトウヨまで、みんなが見ているから。

倉山　完全につられていますよね。ジャニーズファン以外。

はすみ　出演者のタレントさんがみんな関口宏のプロダクションの人。貢献しちゃってるなあ。

倉山　関口さんは昔から左がかっていましたよね。日テレで昔、『知ったかぶり』……あ、違った。『知ってるつもり!?』だった（笑）。

はすみ　（笑）。『知ってるつもり!?』は私、好きでしたけどね。

倉山　けっこう偏ってましたよね。

はすみ　うん。偏ってたなあと思いながら、歴史のドキュメンタリーもやるじゃないですか。

倉山　しかも、ゲストの人選が必ずズレている。なんで円谷英二《つぶらやえいじ》を取り上げるときに大林宣彦《おおばやしのぶひこ》監督を呼ぶ!?　円谷さんと縁もゆかりもないじゃないかと。

どこぞの保守雑誌が、岡田英弘《おかだひでひろ》先生の追悼論集を関係ない人に書かせて、倉山満に書かせないようなものです。

NHK～意外にも(?)左翼二割、右翼一割～

倉山　テレビの話なら、NHKはどうですか。

はすみ　いろいろあり過ぎて。

NHKも国外に向かって反日報道をしています。それ以外にも、反日的な内容が書かれているフリーペーパーや雑誌の後援・協賛という形でお金を出していたり。

倉山　やってますよね。海外に向かって言いたい放題というテーマは、倉山満×杉田水脈《みお》×千葉麗子共著『悲しいサヨクにご用心!～「あさま山荘」は終わっていない』（ビジネス社、二〇一七年）でも扱っています。杉田特派員がいろいろと調べています。

はすみ　その辺は杉田水脈さんのほうがプロフェッショナルでしょう。

倉山　ジャーナリストとしても活躍していましたからね。しかし、まさかこんなに早く衆議院議員に戻れるとは（感慨深げに遠い目）。

NHKも、実は朝日新聞以上に変わったところです。NHKの中で、確信的な左翼は二割程度なのです。

はすみ　え?

倉山　七割はノンポリ、そして、一割が右派。和田政宗みたいな人が一定数いるのです。

はすみ　あ～、そうですね。和田政宗さん、ＮＨＫのアナウンサーでしたね。

倉山　新幹線のグリーン車に置いてある『ウェッジ』って雑誌で連載している、**秋元千明**（※注）さんなんか、たいていの保守言論人より硬派ですよ。

　それより私は、最近の大河ドラマがしょぼくなっていて悲しくなります。来年（二〇二〇年）、東京オリンピックだというのに、前回の東京五輪開催実現の立役者、かの広島県の造り酒屋の息子（池《いけ》田《だ》勇《はや》人《と》元首相）を主人公にしないのか。二〇一九年大河ドラマは『いだてん～東京オリムピック噺～』だそうです。脚本は宮藤官九《くどうかんく》郎《ろう》。あの人の作品、『マンハッタンラブストーリー』とか嫌いじゃないんだけど、大河ドラマで金曜二十二時のＴＢＳドラマやってどうする。これで、来年まで駄作が続くので、平成期における最高の大河ドラマは『真田丸』で確定です。

はすみ　『真田丸』は面白かった！

倉山　それでも、二十世紀に放り込んだら凡作ですけどね。

はすみ　私は『女城主直虎』を全部見ましたけど、あれはドラマとし

※注：秋元千明
　早稲田大学卒業後、ＮＨＫで軍事・安全保障専門の国際記者、解説委員を務めた。現在は英国王立防衛安全保障研究所（ＲＵＳＩ）のアジア拠点RUSI Japanの所長。『アジア震撼―中台危機・黄書記亡命の真実』（ＮＴＴ出版、一九九八）、『戦略の地政学　ランドパワーVSシーパワー』（ウェッジ、二〇一七）などの著作がある。大阪大学大学院招聘教授、拓殖大学大学院非常勤講師を兼任。

てはおもしろかったですよ。

倉山　意外と悪くないんですけど、最初のスタートダッシュに失敗していて、かったるいんです。

はすみ　ドラマとしてはおもしろかったものの、ただ、あれが大河ドラマだと言われると疑問ではありますね。今年の『西郷《せご》どん』も、今のところ全部見ていますけれど、全然おもしろくないんですよねー。

倉山　渡辺謙と鹿賀丈史だけが大河ドラマですもんね。渡辺&鹿賀のロシアンルーレットをネットの記事は絶賛していましたが、お前らの目は節穴か‼　私はあれで『西郷どん』を見るの、やめました。

はすみ　なんか、渡辺謙を絶賛していましたねえ。

倉山　渡辺謙は何やっても、伊達政宗にしか見えませんが。映画『硫黄島』で栗林忠道大将を演じたときも、『独眼竜政宗』の演技そのものでした。

私があえてNHKの再建策として提言します。再来年の大河ドラマ、誰でもいいから戦国大名を主人公にして、脚本家はジェームス三木、渡辺謙に伊達政宗を演じさせる。

はすみ　いいですね！（笑）。私も、ジェームス三木の脚本でもう一回見たーい。

倉山　なんでもいいから、それをやれ。思わずNHKを応援してしまいました。渡辺謙に何歳の頃の伊達政宗をやらせるかはともかく。この際、もう二十三歳の伊達政宗でもいい。

はすみ　さっきの話に戻りますけど、NHKの中で、**左派が二割、ノンポリ七割、右派一割**ですよね。『クローズアップ現代』とかで七三一部隊の捏造《ねつぞう》番組を作っているじゃないですか。

倉山　あれは左派ですね。しかも極左。

はすみ　出してくる証拠が、普通に病気の診察をしている写真。キャプション（説明書き）だけ変えて、「これはちょうど人体実験をしている最中の写真です」とか言う。そういうことをNHKがやってしまうというのがすごいですよね。民放ならともかく。

倉山　民放でもダメですよ。電波はみんなのものですから。

はすみ　でも、天下のNHKがそれをやっちゃうんだ！　と思って。

倉山　やってしまうのですよ。一方で、松平定知のようなタクシーの運転手を殴るようなアナウンサーもいましたし。

はすみ　また、そうやってドサクサに紛れて他人の過去を抉《えぐ》り出す（笑）。困ったことに、NHKの『クローズアップ現代』などが捏造放送をすると、パヨクたちは、それを根拠に理論武装してくるのです。「ネトウヨたちは七三一部隊を否定するけれど、NHKの『クローズアップ現代』でこんなにも証拠写真が出てきている！」と香山《かやま》リカが言っていました。このバカが！と思いましたね。

倉山　とにかく、NHKは渡辺謙の伊達政宗をジェームス三木の脚本で出せ！

はすみ　ドラマがおもしろくないぞ、と。

倉山　おもしろくないぞ、と。

はすみ　でも『ダーウィンが来た！』はいいぞと（笑）。

倉山　やっぱり企画に時間をかけるのはＮＨＫですから。朝ドラは二年かけているし、大河は三年かけていますもの。

はすみ　『西郷どん』三年かけてアレ？

倉山　林真理子がダメなんでしょうね。ちなみに私が、去年出した『工作員・西郷隆盛』（講談社、二〇一七年）ですが、最初の企画案では「女に西郷さんの何がわかる？」でした。会議で、「題名の段階で全女性を敵に回してどうする？」という物言いがついてアノ題名に落ち着いたのですが、「林真理子に西郷どんの何がわかる？」にすればよかったかな。

はすみ　見ていて、全然おもしろくないもん。

倉山　フェミニズム大河とかやっているからダメ。主人公を一年おきに男女交互にしようとしているところに無理がある。

はすみ　バカみたいですよね。でも、朝ドラは女性だけじゃないですか。

倉山　そうです。朝ドラの主人公は女性で、大河ドラマは男性という住み分けだったのが、歴史は男女平等に描こうと。

はすみ　そんなの、国連から来ているんですよ。また後でお話ししますけど。

倉山　はい。ハーバードからも来ています。

『NEWS23』と『報道特集』〜TBSはトンデモないバカをしでかす〜

倉山　TBSに話を戻すと、『NEWS23』は、最近おとなしいですね。

はすみ　日和《ひよ》っちゃってますよね。

倉山　『報道特集』など、左たらんという意思ではないのに、単純に教養がないから左がかったことを言ってしまう。

はすみ　簡単ですからね。「世界平和」とか、「人権」とか言うのは簡単。

倉山　そういう、**わざと左がかったことを言うよりも、もっと怖いのがきちんと取材している体裁で流される嘘です。**

　例えば、中国とロシアの国境紛争です。一九六〇年代以降の国境画定で最後まで争っていた場所が、領土を分ける三本の川。それぞれの中洲にある島の帰属なのですが、二〇〇四年に均等に折半して解決したと報道されました。本当は中国が三分の二取っているのですよ。ロシアではプーチンがマスコミを規制して言わせていないだけ。

　この話は、樋口恒晴さんの『「平和」という病』（ビジネス社、二〇一四年）の冒頭に出てきます。

二〇〇四年一〇月一四日に締結された「中国国境東部区間に関する補充協定」では、係争地の三分の二を中国領土として確定したが、ロシア国内では報道を規制し、両国が半々に分け合ったと説明しているという。

だから、**アカより怖いのはバカ。そしてTBSさん、あなたたちはアカではありません。ただのバカです。**

はすみ　そうだ、そのとおり。

倉山　だから「(T)とんでもない、(B)バカを、(S)しでかす」からTBSと言われる。ちなみに、このネタは、最初に言ったのはやくみつるさんだったと思います。

『報道ステーション』～『ニュースステーション』の劣化コピー～

倉山　『報道ステーション』(テレビ朝日)は見てます?

はすみ　一時期、仕事上の必要性があって見ていました。メインキャスターの若い人、富川悠太くんはマトモなのではないかと思って見ています。彼は仕事として割り切ってやっている感じ。どちらかと言えば、隣に座っている女性キャスター小川彩佳《あやか》、彼女のほうは目が完全にイッてます。

倉山　へぇ。見たことないんで知らないのですが。ちなみに『報道ステーション』に対する最大の罵倒語《ばとうご》って何か知ってます？

はすみ　何ですか？

倉山　『ニューステーション』と呼んであげること（笑）。いまだに『ニュースステーション』と呼ばれることが一番傷つく。

はすみ　もう十五年くらいも前の番組なのに（涙）。

倉山　実際、**『ニュースステーション』の劣化コピー**でしょ。『ニュースステーション』だった時代は何十年前ですか。古舘さんが十二年ぐらいメインキャスターを務めましたよね。

はすみ　『NEWS23』も『報道ステーション』も全体的には毎日マイルドに報道しているのですけど、ときどきサラッと嘘をブッこんでくる。

例えば、慰安婦報道で韓国の文在寅《ムン・ジェイン》大統領の言動を伝えるときなど、性奴隷が存在したことを前提にいまだに報道しているんですよね。

倉山　セックス・スレイブですね。一応、慰安婦問題でいうと、〈二十万人〉を〈強制連行〉して〈性奴隷〉にしたという三点セットが捏造です。「慰安婦いたじゃないか～」と言われれば、まあ、いましたよ。〈軍の関与〉、ありましたよ。

そうそう、私は東条英機陸軍大臣が慰安婦問題に関与した証拠を見つけました。

はすみ　先生が見つけてしまったのですか！

倉山　アジア歴史資料センターといって、日本国の戦争犯罪と侵略を全世界に未来永劫《えいごう》発信しようという目的で村山談話をきっかけにつくられて、誰かさんが骨抜きにしてしまったセンターがあるんですよ（笑）。そこで検索ワードに「慰安婦」と入れると、なんと十件〈も〉ヒットします。つまり、アジ歴の目録がなってないということなのですが。

その中で、最初の資料「重大なる軍紀違反事項報告」を見ると、なんと東条英機内閣時代の「慰安婦問題」です。内容はというと、陸軍伍長がなじみの慰安婦に会いたさに架空出張で勝手に会いに行きやがったので処分してくださいという決裁を求める文書（笑）。陸軍大臣の東条英機という人が、ちゃんと自分で判子を押しているのです。

はすみ　東条さん、あなた、総理大臣兼任なのだから、そんな細かいことをやっている場合じゃないでしょ！

倉山　ですよね。ちなみにこのときの東条英機の兼任は、総理大臣が陸軍大臣を兼任したのではなく、陸軍大臣が総理大臣を兼任していたと揶揄《やゆ》されます。

というわけで、なんと慰安婦問題に関して軍の関与を発見してしまいました、我々は反省しなければなりません！（笑）。

はすみ　東条さんてまじめ〜な人だねえ（笑）。

倉山　木っ端《こっぱ》役人ですよ。伍長がカラ出張に行ったことなんかほっとけばいい。大臣が決裁する話ではないわな。

はすみ　そんな細かいことまで許せないというか、そこまできっちりきっちりやる軍隊。

倉山　こんな案件が局長まで上がってくる時点で、組織としておかしい。それでも局長が止めなきゃダメなんですよ。次官に上げちゃダメ。

はすみ　病院なら、看護師が休憩時間以外にタバコを吸いに行ったという報告が院長まで行ってしまうみたいな話。それは主任とか師長あたりが処理することで、院長や理事に行く話ではありませんよね。

倉山　いい例えですね。そんなレベルです。とにかく、そういう〈関与〉ならありましたよ。

沖縄二紙：『琉球新報』と『沖縄タイムス』～歴史学界の鑑～

倉山　ここまではサラッと嘘をブッこんでくる報道番組の話でしたが、思いっきり嘘を書きまくるのが沖縄二紙です。『琉球新報』と『沖縄タイムス』ですが、これについてはどうでしょう。

はすみ　**その違いがわからない。**

倉山　同じく、**井坂十蔵**（※注）。

はすみ　沖縄二紙の言っていることの区別はつきませんが、朝日や共産党が右翼新聞に見えてくるという評判の二紙ですよね。

倉山　私、その新聞を実際に見ました。倉山塾九州山口支部・沖縄県民会の設立会合に行ったときのことです。ちっとも驚きませんでした。なぜかというと**歴史学界の日常会話**だからです。

はすみ　ああ〜、なるほどね。わかります。

倉山　ソ連が崩壊して今や共産主義なんて、まともな日本人は誰も見向きもしなくなりました。それで、世間に相手にされなくなった吹き溜まりが歴史学界に大挙してやってきました。

　歴史学界でパヨったことを言っている人が、特に沖縄にいます。そして、高校の先生なども、パヨク発言や政治活動が認められると、地元沖縄で教授になれたりするのです。そういう人たちの主張どおりのことを沖縄二紙が書いているので、歴史学界のまんまになるという構図なのです。歴史学界とは北岡伸一大先生が良識派になってしまう世界ですから。

　だから、歴史学界の言うとおりに書いているので、全然驚きません。まあ、こんなもんかと。

はすみ　それは地獄ですねえ。国連のところでまた詳しく扱いますが、**基本的にパヨクは全然ないものをでっち上げたり、小さいものを大きくしたり、事象を捏造して、それをパヨク新聞に記事を書かせま**

※注：井坂十蔵

　一九七〇年代から八〇年代前半にかけてテレビ東京で放映された時代劇ドラマ『大江戸捜査網』の登場人物。身分をいつわり秘密捜査を行う隠密同心。配役は瑳川哲朗《さがわてつろう》。主人公は杉良太郎や松方弘樹など入れ替わるが、瑳川哲朗演じる井坂十蔵だけはレギュラーで残る。追い詰められた悪者が「おのれ〜貴様ら何者だ!?」と聞くと、主人公が「隠密同心　〇〇〇〇」と名乗り、続けて「同じく井坂十蔵」と名乗る。

　なお瑳川哲朗は『ウルトラマンA《エース》』で竜五郎隊長、NHK大河ドラマ『花神』で長州の倒幕派を財政面から支援する白石正一郎を演じた。人格者を演じさせたら右に出る者がいないと言われた名俳優である。

す（下図参照）。それが沖縄二紙や朝日新聞です。

実際には、そんな騒動などなかったり、すごく小さいマニアックなネタだったりするのに、「今、世間ではこういうことが問題となっています」と、さも大事件であるかのように報道して、その新聞記事を根拠に、パヨクＮＧＯが国連に持っていくのです。国連に何かテーマを持っていくときに自分たちの訴えが空想ではなくて事実に基づいた主張をしているんだよという根拠に提灯《ちょうちん》記事を書かせるという、これは、すでに一つの流れになっているのです。

倉山　なるほど。

はすみ　だから、沖縄の二紙や朝日新聞、中日新聞、あの辺はパヨク御用達。「提

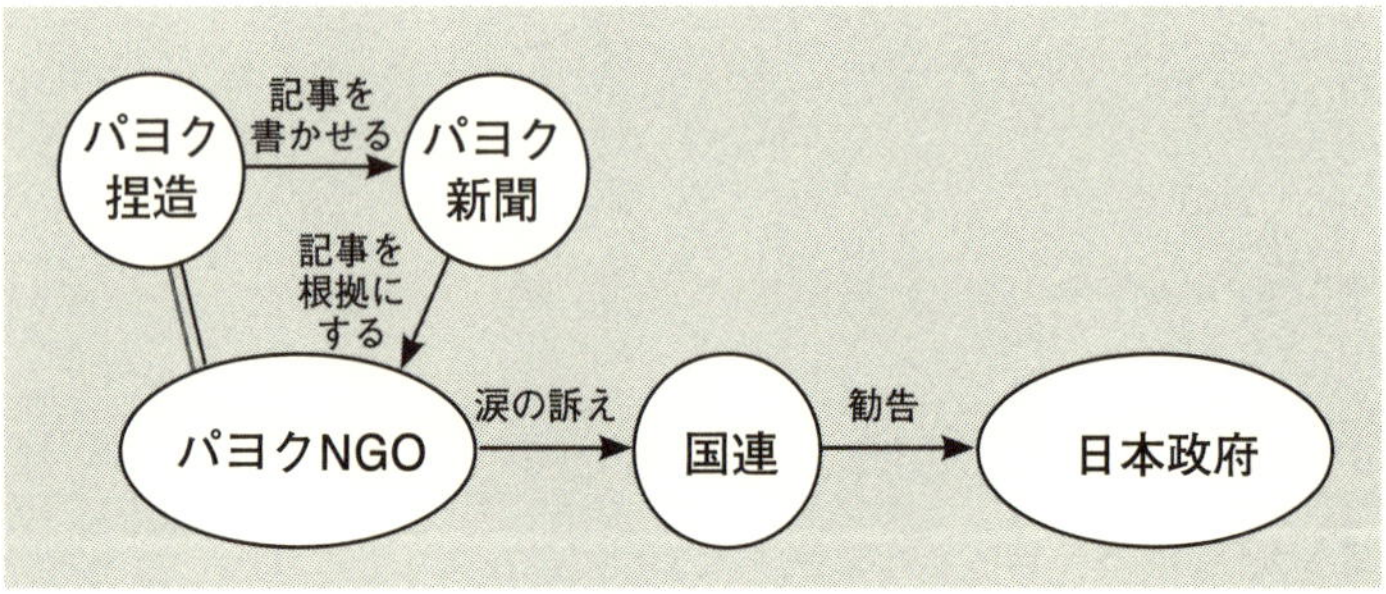

倉山注：フリーター時代、竜隊長みたいな上司がリアルに欲しかった。コンビニの店長なんかだと最高なんじゃないだろうか。

灯記事、書いてくれ」とちょっとお金を払えば、ささささっと記事を書いてくれる。グルですね。

倉山　結局、学界とマスコミは大正時代から一体です。日本のまともな人間、善良な人は共産主義など相手にしなかったときに、学界と論壇が真っ先に乗っとられました。

今で言うと、どこぞのチャンネルちゃんちゃらがあまりにも下品で頭が悪くて人としてなっていないから、悩める若者がシールズに走るのと同じ構造です。脂ぎった親父に威張り散らされるよりは、**五寸釘ほなみ**（※注）ちゃんのほうがマシ。ほなみちゃん、若い姉ちゃんですからねえ。

はすみ　くらら先生、なんでほなみちゃんを知ってんですか？

倉山　物知りだからです（キリッ）。

私は常々、「今日の沖縄が明日の本土だ」と、警告しています。今、沖縄の状況はどうなっているかというと、圧倒的多数の県民は政治なんかに興味はなくて、ノイジーマイノリティーのパヨクが騒いでいる。さらにマイノリティーの保守の中には統一協会と幸福の科学、錯乱《さくらん》した保守団体がいるのでまとまれなくて、もっとマイノリティ

※注：五寸釘ほなみ

本名は西穂波。共産党民青の活動家としてネット上では有名。「自民党議員に五寸釘を打ち込みたい」と発言したことから、この名で呼ばれる。他にも「実質北大生（北大を目指していたため）」「名誉SEALDs（シールズの奥田愛基をレスバトルで論破）」などの異名を持つ。

倉山注：ほなみちゃんもええかげんだったが、それに負けてる保守は何なんだ（遠い目）。

ー。自民党は創価学会がついてくれたときだけ選挙に勝てる。自民党の選挙については、東京都などでもあまり変わりませんが。

今、沖縄を中華様の侵略から守ってくれている愛国政党が創価学会であるという、すごい構図になっています。

はすみ　複雑。

倉山　自民党が堕落したので、こうなってしまったのです。

健全な沖縄エスニシズムを象徴する作品が『ウルトラマン』です。

沖縄のエスニシズムというのはかなり説得力があります。ナショナリズムじゃないですよ。エスニシズムとナショナリズムについては、『世界の歴史はウソばかり』（ビジネス社、二〇一八年）で書きましたから、詳しくはそちらで。

沖縄には、「なんでオレらだけが在日米軍基地を引き受けなきゃいけないんだ」という疑問があり、「だから、出て行け〜！」となるのですが、米軍が出ていった後をどうするかが問題です。今の県知事らは中華様が来ることに奉仕しているから困るのです。金城哲夫という『ウルトラマン』の作家は、「米軍が出て行った後、自分たちが帝国陸海軍をもう一度復活させなければならない」と。その

※注：ウルトラセブンおよびノンマルト
円谷プロダクションが制作した特撮テレビ番組。一九六七〜六八年にTBS系で放映された。宇宙の侵略者から地球を守るウ

思想が結実した作品が『**ウルトラセブン**』(※注)です。

はすみ　なるほど。奥が深いですね。

倉山　キリヤマ隊長が最終回で皆を叱咤《しった》します。「行こう。地球は我々人類自らの手で守り抜かねばならないんだ！」

〈地球〉を〈日本〉、〈人類〉を〈日本人〉と言い換えると、きれいに意味が通じてしまいます。

ちなみに別の回では、実は地球人が**ノンマルト**(※注)を侵略したのではないかと、ウルトラセブンが悩み始める。日本が沖縄を侵略したのではないかっていう解釈がされていました。しかし最後は、「じゃあ、沖縄も日本本土も、みんなで結束して闘うんだ」と。沖縄エスニシズムを自主防衛日本ナショナリズムで乗り越えるという作品が『ウルトラセブン』です。

はすみ　奥深い解釈ですね。

倉山　深いんですよ。私の本当の専門はそこですから。

ウルトラ警備隊とその一員であるモロボシ・ダンの活躍を描く。ウルトラセブンは、M78星雲から地球観測に来た宇宙人だが、侵略の危機にさらされた地球を守るため、正体を隠してウルトラ警備隊に入隊した。

ノンマルトは、第四十二話に登場する知的生命体。地球の海底に都市を持ち、地球先住民を自称。現代の人類に海底へ追いやられたと主張する。現在の地球人の海底開発に対し、怪獣ガイロスを使って反撃する。「ウルトラセブン」はウルトラシリーズの中でも最高傑作と名高い。

倉山注：ウルトラな警備をするからウルトラ警備隊である。

東京書籍

東京書籍〜中学教科書はアカ〜

倉山　さて、出版界についてでは教科書から。

「新しい歴史教科書をつくる会」の会長を務めた藤岡信勝さんは、東京書籍をはじめとする中学教科書が、いかに左でアカで（同じか）、自虐的かと主張したので、学会で討伐命令を出されてしまいました。「藤岡信勝討伐命令」って本当にあるんですよ。「つくる会」でも藤岡さん以外、誰も信じなかった。学会に入っていると、そういう書面が回ってくるのです。

はすみ　そういう怪文書が回ってきますよね。

倉山　署名しないと就職の世話をしてもらえない。署名したところで就職の世話をしてもらえる保証はないんですけどね。いわば、ヨーロッパ中世の異端審問のようなもの、日本で例えるなら踏み絵みたいなものです。

はすみ　弱みに付け込んで。

倉山　私なんか、**ツヴィングリ派**（※注）みたいな扱いでしたよ。カトリックとルター派とカルヴァン派と神聖ローマ皇帝が手を組んでまとめて焼き打ちみたいなね。そういうレベルの扱いでした。

はすみ　極道でいう破門状といった感じですね。

倉山　はい。中学教科書とはそういう世界です。どうせ読んでないだろうと思って、みんな好き放題書いているというのが東京書籍に代表される中学教科書。**アカなんです。**

「チャンネルくらら」に藤岡さんに出演していただいて、「新しい歴史教科書をつくる会」の意義について語ってもらいました。「新しい歴史教科書をつくる会」は略して「つくる会」とも呼ばれ、自虐史観の影響を強く受けている現行の教科書界に一石を投じようと新しい歴史教科書を制作しています。

その「つくる会」の教科書採択率は一パーセントを越えたことがありません。二〇〇六年に八木秀次を発端とした「つくる会」の分裂に至る前、フジ産経グループが総力をあげても、採択率だけを見ると勝てなかった。

ただ、「つくる会」の意義というのは、必ずしも当の教科書を採択してもらうことだけではないのです。こういった問題提起をしていくことで、日本書籍という左翼系出版社を一つ潰しているんですよ。戦いというのは、こちらのやりたいことをやる以上に大事なのが、相手のやりたいことを潰すことなのです。「つくる会」の意義はこれです。教科書が採択されなくても作戦勝ち。

※注：ツヴィングリ派
ツヴィングリはスイスの宗教改革者。聖像や聖画、修道院制度やミサなどの儀式を批判し、礼拝の音楽を一切廃止するなど同時代人の宗教改革者ルターよりも厳格な態度をとる。彼が率いるツヴィングリ派は彼の死後は強力な指導者を欠き、スイスでは以後、一世代若いカルヴァンが宗教改革を担っていく。ツヴィングリ派は後にカルヴァン派と合流。
なお、このツヴィングリ派からはスイス兄弟団という強烈に反教権・反体制志向を持つ急進派が出ている。市参事会と協調を重視するツヴィングリに幻滅して分派を形成した。非常に過激であったため各地で弾圧され、長く存続することができなかった。幼児洗礼を否定し成人洗礼そう言う私を藤岡さんはもの珍しそうにご覧になりながら、「そんな作戦という概念を聞かれたの、倉山さんが初めてですよ」とおっしゃっていました。保守業界きっての作戦家の藤岡さんがこういうこと言うくらいだから、保守は勝てない。

はすみ 相手のやりたいことを潰すというのは、ユネスコの「世界の記憶」に性奴隷を登録しようとしたときの反対活動にも言えます。韓国が「日本軍『慰安婦』の声」を申請したのに対して、日本側からは、「なでしこアクション」がそれを潰す目的で「慰安婦と日本軍規律に関する記録」文書の申請をしました。こちらは正しい知識に基づいた慰安婦です。

両者が出した証拠写真や証拠資料は、実は、かぶっています。一方からは性奴隷の証拠として、もう一方からはただの戦時売春婦として同じ資料が提出されている。その場合、該当資料は相殺されて、どちらの側でも採用されなくなるのです。その結果、韓国の訴えも、日本の訴えも取り下げられることになりました。要は、相手潰しをやったのです。

倉山 保守陣営にはこっちの意見を通さなきゃと考える人が多いので

を重視する再洗礼派の一派である。

倉山注：内村鑑三認定の、キリスト教史上最大の原理主義者。『余は如何にして基督信徒になりし乎』（岩波文庫）に、そういう趣旨のことが書いてある。

すが、こちらの意見が通らなくてもいいから相手の意見を潰すというのは、いい話ですね。

はすみ　いい話でしょ。そのアイデアすごいね、山本さん（山本優美子、「なでしこアクション」代表）て思った。

教科書に話を戻すと、近頃、学校の教科書にはやっぱりクレームが相次ぐようになっています。教科書出版社に「ここの記述間違っているじゃないか。捏造じゃないか」という〝お問い合わせ〟が殺到しているということがあります。それで、最近は副読本のほうに嘘や捏造記事をシフトしているのです。

倉山　昔からありましたが、最近はその傾向に拍車がかかっているのでしょうね。

はすみ　しかも、手が込んできています。昔は「副読本」というものを各自一冊ずつ購入したので、家に持って帰ることができたのですが、最近は授業で配って、その場で回収するんですよ。家に持ち帰る副読本だと、親が子どもの教材を見たときに怪しい記述を発見されますから、それを恐れて副読本が回収型になっています。あるいは、プリント。コピーしたものを毎回配って、やはり回収する。手口が巧妙になってきているのです。

倉山　でもね、できる子どもは「チャンネルくらら」で歴史を学んでいますからね。教えている先生が「チャンネルくらら」を種本にしているケースもあります。その授業を聞く生徒のほうも、「これ、くららで言っていたな」と。そういう世の中になってきましたからね。ざまあみろ（笑）。

繰り返しますが、右の主張を通そうと思うんじゃなくて、左の言うことを引き分けにもっていけばいいのです。つまり、相殺すればいい。そういう戦い方が大事ですね。

山川出版社
歴史には、未来のヒントがある。

山川出版社～アカでさえないバカなカリスマ教科書～

倉山　教科書といえば、歴史教科書の山川出版なのですが、この対談の担当の本間さんは、藤岡信勝先生的な山川教科書dis り版という企画もつくってくれた方です。依頼されたときに私が言ったのは「違いますよ。**山川はアカじゃありません。ただのバカです**」。しかも、それが副題になってしまった（笑）（倉山満『常識から疑え！　山川日本史　近現代史編・上「アカ」でさえない「バカ」なカリスマ教科書』ヒカルランド、二〇一三年）。

あの本、ひどいことを書きまくりました。「**山川の人たちは思想なんかどうだっていいんです。営業成績のほうが大事なんです。四年間、全国の学校の先生に多額の金を投じて接待して、教科書採択に勝てるよう努力しているんですから**」と。飲ませ食わせが大事なんです。たぶん〈抱かせ〉はやってないでしょうね。学校の先生なんか相手にそんなことをする金はないですからね。

『常識から疑え！　山川日本史』で書いたことですが、山川の教科書は、どこからも批判が来ないことが大事。だから、右から何か非難されたら、右っぽいことも書いておこうと。それでいて、自分たちは、左じゃなくて上だよと。誰からも文句を言われないお勉強秀才優等生でいたい。朝日新聞以上に上たらんとする要素が強いのが山川だと。

私は決して山川出版社を全否定していません。歴史教科書を出さなかったらいい会社なんです。山川の歴史教科書にしても、本文がなければいい本なんです。図表は素晴らしい。図表の山川！

そこまで書いて、しかも、表紙には「山川教科書の常識は世界の非常識！」という文字の隣に山川日本史教科書を手に持ちながら、いかにもあきれた顔をする私の写真でしょ。山川が裁判に訴えようとしてきたらしいのですが、担当の本間さんという人は、自社ホームページとアマゾンの本紹介文に「内容は過激な中にも真実を多く含んだ最良の日本史の解説本だと自負している。小社はどんな圧力にも屈しない。堂々と裁判でも何でも受けて立つつもりである」と書いてくれた。「来るなら来い」と(笑)。

はすみ　本間さん、漢《おとこ》やあ。「漢《かん》」と書いて、「おとこ」と読む。

倉山　名誉毀損というのは、事実であっても公に知られていない事柄を広く流布したら成立するのです。だから、こちらがどういう戦術を立てていたかというと、わざと負けようと思った。「山川はアカじゃありません。ただのバカです。思想なんかどうでもよくて、営業成績がすべてなんです」ということを最高裁にまで持っていって認めさせようと。そんなことを考えていたら不戦勝しちゃって、残念だなあ〜。はすみさん、絶句してます？

はすみ　いやいやいや。そんなことはないですよ。そうなのかあ、と思って。

倉山　山川教科書で「慰安婦」という項目がどこに載っているか。注釈として一か所、載っているだけなのです。最近は本文に格上げしたみたいですが。

はすみ　ずるいんですよ。

倉山　いやいや、誰も読んでない。まともな受験生なら「あ、一個、覚えること増えた」という程度だから別にいいんですよ。山川にとっても、どうでもいいことで、世間的に「慰安婦」について書かなければいけないという風潮になったから書くというだけ。山川には思想が全然ないのです。

はすみ　そういう、パヨクというかリベラルの活動に関しては、全般の傾向としてアリの一穴が怖い。例えば、難民を一人でも受け入れたら、次また受け入れなくちゃいけない。今度は三人。その次は十人、二十人、百人とどんどん増えていくんですよ。だから、たいしたことのない些《さ》細《さい》なことでも、最初の一歩って絶対踏ませちゃいけないんです。

倉山　本当はね。

はすみ　「慰安婦」だって一回載せたら、そのうち本文に載ってしまいます。注釈であっても、教科書に慰安婦なんて絶対に載せちゃいけないんです。

倉山　最初の一歩は、もうとっくに踏まれていますけどね。マッカーサーがやって来て、黒塗り教科書になった時点で撤退戦ですから。囲碁で言うと、十目負けも百目負けも、負けは負け。

実は、我々はそういう世界にいるのです。

だから逆に、山川出版社は右側から騒がれて、これでも山川のほうが逆に右に配慮した記述をとっているのです。誰にも嫌われたくない病なので。

はすみ　日本人にはよくある病ですよね。

倉山　とくに山川出版社はそうで、いい子でいたい病なんです。誰にも嫌われないように無難に書いていたら、倉山満に「それがダメだ」と言われてパニック起こしちゃった。山川の営業が「あの本と一緒に並べないで」と全国の書店を回ったところ、本屋さんは「そうか、そうやれば売れるのか！」（笑）。

おかげさまで『常識から疑え！　山川日本史』上下巻ともバカ売れで儲けさせていただきました。山川出版社さん、ありがとうございます！　だから、その後、私は山川の広報のごとく「歴史を勉強したかったら山川」と言い続けています。お薦めは、歴史教科書以外の本です。山川の世界各国史シリーズや歴史大系など、全六十巻中五十九巻、『日本史』以外は素晴らしいですもんね。『ドナウ・ヨーロッパ史』とかね。よくそんな本出してくれるなと思って。『ポーランド・ウクライナ・バルト史』や『バルカン史』など、主要国以外の周辺国の歴史を読むのが大事です。

岩波書店
IWANAMI SHOTEN

岩波書店～落ち目の権威だが、腐っても岩波文庫？～

倉山　教科書出版社についてはこのぐらいにして、一般書籍の権威、岩波書店はどうでしょう。

はすみ　広辞苑を出している出版社ですよね。台湾を中国領と書いたとか。岩波の言い訳としては、「中国側が台湾は中国領だと言っているから、中国側の言い分を採用したのだ」という言い方をしています。そんなことを言ったら、広辞苑に尖閣《せんかく》諸島は中国の領土って書いてあるんですか？　沖縄は中国の固有の領土ですと書いてあるんですか？　という話になるじゃないですか。中国の主張をあるときは採用し、あるときは採用しないというのはダブルスタンダードですよ。

倉山　そこで街宣右翼が「書き直せ！」と叫びながらデモをしたりするんですよ。街宣右翼団体Sのことですが（笑）。

はすみ　あれは私もどうかと思うんですよね。効果あるの？　って。

倉山　効果あるどころか、逆効果ですよ。「書き直せ」と言って、正しくなったら広辞苑を買うのか。街宣右翼団体Sの皆さん、「書き直せ」などと言う必要はないのです。「岩波がこんなバカなことを書いているよ」と言って、広めてやるだけで十分。不買運動をする必要すらない。

はすみ　その通りだと思います。

倉山　岩波書店というのは、事実を客観的に書けない人たちですよと。岩波書店の本を買っているような人たちに、「間違ったことを書くようなところですよ」と教えてあげる。だいたい辞典なんてただでさえ売れないのに、さらに、その辞典に一個間違いがあったとなると、大問題ですからね。街宣右翼団体Sの連中がやっているのは、書き直して買ってやれという意味なのですかね。

はすみ　意味不明ですね。相手の信憑性《しんぴょうせい》を疑わしいものにする作戦のほうがよっぽどいい。

倉山　「不良品」のレッテル貼りできるのに、書き直させて、広辞苑の記述を正しくして、買ってあげようという街宣右翼団体Sは、あれ、左翼ですね（笑）。伝統的な街宣右翼が黒い車に乗って変な格好をしているのは、「右っぽいことを言っている人は頭がおかしいな」と普通の日本国民に思わせるためにやっているので。最近の街宣右翼は、インターネットで保守系番組をやっているみたいですが、やっぱり体質は変わらないということですね。

はすみ　なるほどね。

倉山　岩波と言えば、左派論壇誌があります。**『論座』**（※注）という雑誌、

※注：**『世界』と『論座』**
『世界』は岩波書店、『論座』は朝日新聞出版より発刊。ともに左派系の論壇誌。『世界』は現在も発行されているが、『論座』は二〇〇八年十月号をもって休刊。
倉山注：これでも昔はメジャー雑誌だった。

知ってます？

はすみ　え、知らない。

倉山　**『世界』**(※注)という雑誌、知ってます？

はすみ　『世界』というのは倉山先生に薦めていただいた『「悪魔祓《あくまばら》い」の戦後史』（稲垣武、文藝春秋、一九九七年）に出てきますので、それで勉強しました。

倉山　**『論座』や『世界』が雑誌の名前だということを普通の人は知りません。**はすみさんみたいなサヨク・キラーを仕事にしている人ですら『世界』が雑誌の名前って稲垣さんの本を読むまで知りませんでした？

はすみ　知りませんでした！

倉山　**岩波さん、ご愁傷様です**（笑）。

はすみ　チーン（笑）。

倉山　これがすべてですよね。『アエラ』は知ってますもんね。

はすみ　『アエラ』は知ってます。

倉山　「朝日・岩波文化人」とカテゴリー的に言われていて、新聞の朝日がここまで落ちているんだから、書籍出版のみの岩波はもっと落ちているわけです。

三**大新書と言えば、岩波新書、中公新書、講談社現代新書ですけど、岩波新書がぶっちぎりで落ちぶれていますよね。**まあ、中公新書のあの魂を売った売り方はいいのかと。『○○○○』

とか『××××』とか、その本の売り方はいかがなものかみたいな本がベストセラーになっていますが。それはともかく、岩波書店さん、中公新書にもう追いつけないぐらい水を開けられてしまいました。

というのは、中公新書と講談社現代新書はそんなにハズレがないのですけど、**岩波新書は当たりハズレがひど過ぎ**なんです。良い本もあるんですよ。柴宜弘さんの『ユーゴスラヴィア現代史』とか。地域研究をちゃんとやっている人の本というのは、思想的に好き嫌いがあっても参考になります。岩波新書は、玉石混交がひど過ぎます。学生には時間のムダだから中公新書と講談社現代新書から入れって指導していました。**ただ、岩波文庫は素晴らしいです。**そこらの保守っぽいこと言っているネットの情報を仕入れた気になっている奴なんか、岩波文庫も読めないでしょう。

はすみ　テレビ局に例えるなら、テレビ朝日はアニメとドラマだけやっていればいいみたいな。

倉山　それ、どこの局もそうですよ。

はすみ　報道とドキュメンタリーをやらせたらダメなんですよね。

倉山　岩波文庫を褒めておくと、やはり講談社学術文庫とか中公文庫よりも古典が多いので、ハズレがないですよね。

ネトウヨのアホどもは、岩波文庫の一〇〇～二〇〇ページ程度の本も読んでないから、いかがわしいものに騙される。**右も左も、まず岩波文庫を一日二～三冊読めるぐらいの読書力を身**

に付けてからモノを言いましょう。

はすみ　先ほどの『「悪魔祓い」の戦後史』、読んでいる最中にツイッターで「これ今、読んでるんだ～」とツイートしたんですよ。そしたら「昔、読んだ」「なつかしい」という意見も結構、多かったです。

倉山　有名な本ですよ。

はすみ　年齢を聞くと、五十とか六十代ぐらいの人だったけど。

倉山　『諸君』で連載されていたのですよね。

　基本文献という言葉があって、「これを読んでいないと議論参加資格がない」という本があったのです。『ソクラテスの弁明』を読んだことないなどという輩《やから》は「大学出てるんですか？」みたいなレベル。あんなの大学どころか高校で読んでおいてほしい。マンガでもありますし。ただ、それも読めない人が左も右もいっぱいいるので、左下と右下のじゃれあいが起こって、議論のレベルが非常に低くなってしまう。

　がんばれ、岩波文庫！

はすみ　私としては、何かちょっと身が縮むような話ですけどね。

ジャック・ルイ・ダヴィッド画『ソクラテスの死』

倉山　今、倉山塾で岩波文庫のページ数が少ない順リストを作っているんです。

はすみ　それ、いいですね。

倉山　それに、お歳暮とかお中元で、私、岩波文庫十冊とか贈っています。

はすみ　ほ〜、お得意さんですね。岩波書店からお歳暮とお中元をもらってもいいぐらいの。

倉山　だから、岩波、君たちにだって取り柄はあるんだぞ、もっとがんばれとエールを送りたい。

フィヒテの『**ドイツ国民に告ぐ**(※注)』（岩波文庫）なんて、戦前の旧制高校の生徒は全員読んでいました。帝国大学に入る前に『ドイツ国民に告ぐ』を読んでなければ恥。南原繁という、吉田茂に曲学阿世《きょくがくあせい》の徒と言われた左翼の東大総長がいます。南原は、カントやフィヒテの研究をした人で、敗戦二週間後に「戦後に於ける大学の使命―復員学徒に告ぐ」という文章を発表しています。フィヒテの『ドイツ国民に告ぐ』のつもりで。

フィヒテって知ってます？

※注：『ドイツ国民に告ぐ』
ナポレオン占領下のドイツ・ベルリンで哲学者フィヒテが行った講演。愛国心を鼓舞する作品とされ、憂国の念から国や民族について強い調子で訴えかける言葉が引用されることが多い。しかし、大学教授フィヒテは教育者らしく、紙面的には教育について語っている分量が実は多い。意外にも現代日本にも通じる内容。

倉山注：フィヒテ先生は本当はドイツ観念論の哲学者。本業の本を読んだが、何を言っているのかすらわからなかった。なお、日本フィヒテ学会はドイツフィヒテ学会より先にできた。

はすみ　全然、知らない。

倉山　**スペシウム光線！**　はすみさん、岩波文庫を読んで、勉強しなさい！

はすみ　は～い。

倉山　ところで、岩波は返品を受け付けない買い取り制なのですよね。一般的な本は、本屋さんは委託販売をしているので、売れなかったら返品できるのですけど、岩波書店は原則として返品を認めず、買い取り制なのです。『広辞苑』なんかも、基本は買い取りだそうです。

はすみ　わっ、すごい。この出版不況に強気！

倉山　岩波文庫は、これだけは日本の文化の中で特別だというプライドがある。その矜持《きょうじ》を持って、がんばって日本の知的レベルを上げるのに私も宣伝マンをやらせていただこうかと（笑）。

はすみ　岩波は、文庫だけ読め！

倉山　岩波のほかにも左翼特化の出版社がいくつかありますが、**岩波がこのレベルなので、青木書店、こぶし書房、明石書店、大月書店、新日本出版社、現代書館、勁草書房のみなさんはここで語るに値しません。終了。**

はすみ　**安らかに眠れ**と。

倉山　岩波だけは復活の呪文《じゅもん》を唱えてあげる（笑）。

はすみ　でも復活したら、呪《のろ》われていて毒状態で混乱していたりして。

倉山　朝日と一緒に右傾化しているかも。

はすみ　ウチは『ドイツ国民に告ぐ』を出していた愛国出版社なんだぞ、って。

LITERA 『噂の眞相』・『リテラ』～倉山満に取材に来い！～

倉山　出版部門の最後は雑誌です。左翼メディアと言えば『噂の眞相』ですね。

はすみ　『噂の眞相』は一時期けっこう売れてましたよね。

倉山　残党が今、『リテラ』を作っています。

はすみ　**『リテラ』は私のことが大好きみたい**で、よく書かれるんですよ。他の人、例えば百田《ひゃくた》尚《なお》樹《き》さんとか、曽野綾子さんをディスる記事にちょくちょく私の名前を出すんですよ。

まさか、政府の審議会などにも名を連ねてきた大物作家がヘイト漫画家と同じレベルで難民を語るとは……。いや、考えてみたら、それは驚くに値しない。むしろ、曽野のような人物が長らくメディアに君臨し、政権に重用されているからこそ、この国にはすみとしこのような存在が登場するようになったのかもしれない。

弱者バッシングの女王は安倍政権になって、とうとう道徳の教科書にまで載るようになった。これから、この国には、さぞかし大量のはすみとしこが生み出されることになるだろう。

（『リテラ』二〇一五年十一月十二日付「はすみとしこを産んだのはこの人？　曽野綾子がハロウィ

ンの親子に『卑しい魂胆』、難民を『狡《ずる》い人、難民業』と攻撃」http://lite-ra.com/2015/11/post-1673_4.html）
オチに私を使うんですよね。

倉山　曽野綾子御大と並べられたら、はすみさん、光栄じゃないですか。
そういえば、はすみさんは取材もせずに記事書かれたこともありましたよね。あれは毎日新聞でしたか。

はすみ　そうです。それで、**ちゃんと取材に来たリスト**（※注）を作ってみたのですよね。
『リテラ』は下から二番目ですけど、一番下の「チャンネルS」よりよほど詳しいです。取材というか、調べていますよ。

倉山　『リテラ』批判していい？

はすみ　どうぞ。

倉山　**オレのところに取材に来い**（笑）。

はすみ　え？

倉山　ちゃんと取材に来たら、保守系言論人の弱味いっぱい教えてあ

※注：ちゃんと取材に来たリスト

「そうだ　難民しよう！」報道メディアTOP9（マトモ順）

①BBC
木村正人氏に返答したものと全く同じ内容を、英文にて回答。左派意見とはすみ意見の両論併記という形で、はすみ意見は全文掲載された。フェアーな報道。

②NHK社会部
実際どう報道したのかどうかは未確認。

③フジテレビ「みんなのニュース」
厳密に言うと、取材の申し込みはあったがはすみが気づかず、番組ははすみの返答を待たずにニュースを報道した。番組中ジャーナリストの津田大介氏は、根拠のない人格否定を展開。番組側ははすみの問い合わせに対

げるのに、私に聞きに来たことが一度もない。本気でやる気あるのか。オレが嫌いな保守系言論人を叩くなら、こっちに取材に来い。詰めが甘い。

『噂の眞相』など、扉絵が「実在の人物とは関係ありません」と断っていますが、男女の裸を描いてこいつら付き合っているんだぞと。細川護熙と小池百合子の裸とかね。『噂の眞相』が今も残っていたら、私とはすみさんとか、あるいは、……とか描かれてたかもしれないですね。

はすみ　あー。なんで生き残ってないのかなあ。

倉山　岡留安則編集長が疲れてやめちゃったんですよ。その岡留さんという人は、私は一回も会ったことがないですけど、実際に会うとしょぼいらしいです。あんな過激なことを書いているのに。でも、右翼から抗議が来たのが不思議なことに一回しか無いとか。

はすみ　きっと魅力がある方だったのでしょうね。

倉山　小林よしのりさん愛人疑惑を追及して病院送りにしたり。ピャーポくん、かわいそうじゃないか。

はすみ　最初の秘書の方ね。

し、「あれは出演者の主観で、番組側には責任はない」と逃げる。

④在英国際ジャーナリスト・木村正人

はすみの「質問内容がわからないので答えられない、設問を変えて再度質問してほしい」という問い合わせをそのままニュースに載せるなど、はすみの発言は忠実に報じる一方で、「在日コリアンは日本の移民問題の原点」「在日特権の問題」などのはすみの主張を「妄想だ」と独断で切り捨て、インタビューから削除。Yahoo!ニュースにて報道。

●取材してないが調べてるメディア

⑤ジャパンタイムズ

はすみ非難記事だが、推測部分は「この部分は推測である」

倉山　最初のピャーポくんの記事は、やり過ぎだろ。『アサ芸』は許してくれたのに『噂の眞相』は人の情けがなかった。
　そんなことより本気で保守業界を潰したいんだったら、オレに取材に来いって！

――あまりに過激な内容のため、九行削除――（倉山工房）

はすみ　本当に取材に来たらどうするんですか？

倉山　全部、教えてあげよう（笑）。

はすみ　保守業界、全滅ですがな。

倉山　それを寸止めするのが保守の知恵。自民党は昔、そういうことをやっていました。反対派閥を潰すために社会党や公明党を使っていた。地下水脈でつながっていますからね。
　ついでに言うと、オーナーが苫米地《とまべち》英人《ひでと》さんでしょ？

はすみ　あの人、どちらかと言えば右では？　ヒカルランドからも本を出していますし。

倉山　ええ。『リテラ』がいくら左を気取っても、地下水脈で右とつ

と理解できる文章で、記事としては嘘は書かれていない。

⑥LITERA
「はすみが悪い」の結論ありきだが、過程の情報は正しい。

●取材してないし調べてないメディア

⑦TBSラジオ「荒川強啓デイキャッチ」コメンテーター・山田五郎
　毎日新聞の報道を元にはすみを非難。「難民が可哀想」「表現の自由以前のモラルの問題」などと印象論で報道。

⑧毎日新聞
　容疑者でもないはすみの実名をイキナリ報道。紙面にて「取材を申し込んだがはすみに断られた」と捏造報道。はすみがメールで問い合わせすると、「取材の申し込みはした」と頑に言い張る。その取材申し込みメー

ながっているということです。

はすみ　でも、『リテラ』はよく勉強してますよ。

倉山　しかし、詰めが甘い。

はすみ　だから、結論がおかしい。

倉山　××新聞よりは取材してますけどね。

はすみ　『リテラ』はよく取材していると思います。がんばってるよ。

倉山　取材しないで記事を書くどこぞの××新聞よりよっぽどマシですよ。

はすみ　というか『リテラ』は取材してないのに詳しいですからね。取材に来てないのに、当たっているんですよ。

倉山　周辺取材をしているのです。だから、なんでオレに聞きにこない？　本当に保守を潰したいんだったらオレのところに来い。また言ってしまった。

はすみ　やる気ないんじゃないですか。

倉山　**『リテラ』は所詮《しょせん》、五五年体制の残党、**社会党体質。

ルを再送するように要求すると、毎日は言い逃れできず逃走。…メディアですか？

⑨チャンネルS

無取材捏造の毎日新聞のみを元に、特番を組んで「はすみは日本人ではない」などと人格否定報道をする。はすみが問い合わせメールを送ると、私文書であるメールを番組内で無断公開。「はすみとしこの公開質問状に答える」と表題し、さらにもう一本特番を制作。「これは毎日新聞が悪いのであって、自分は悪くない」「そもそも新聞に騒がれること自体が悪い」などの謎の弁明をし、二度にわたってはすみを誹謗《ひぼう》中傷した。

週刊金曜日

『週刊金曜日』～『リテラ』を見習え！～

倉山　それから『週刊金曜日』。私は読んだことないのですけど。

はすみ　自民党の神奈川県議会議員の小島健一さんの「**基《き》地《ち》外《がい》発言**(※注)」の記事を書いたのが『週刊金曜日』です。私も、その話で風刺画を一枚描きました。

倉山　『週刊金曜日』は、どんなところが問題だと思いますか。

はすみ　取材姿勢ですね。杉田水脈さんから聞いた話ですが、東京から三宮近辺まで取材に来て、「あなたＳＭバーでバイトしてたでしょ」と言ってくる。「いえ、違います」とはっきり否定しているのに、「いや、もう店までわかっているんだから」と、ものすごくしつこく取材されたそうです。「杉田水脈、公務員時代にＳＭクラブでバイト」のような記事が書きたかったらしいのです。

倉山　下手くそですね。取材になってないですよ。

はすみ　もう一つ、「赤い高級外車を都内で乗り回している杉田水脈」という記事が書きたかったらしいという話もあります。

※注：基地外発言
「沖縄県祖国復帰44周年記念日本民族団結靖國集会」での小島健一氏による冒頭の挨拶。
「沖縄の基地の周りには、『基地反対』だとか、『オスプレイ反対』だとか、毎日のように騒いでいる方がいます。これを、基地の外にいる方ということで、『基地外の方』というふうに私なんかは呼んでおりましたけれども、これは（米軍基地がある）神奈川県も同様でございまして、大変苦慮してございます」
小島氏は、自身のフェイスブックで、
「週刊金曜日が文中で『基地の外にいる方ということで〈きちがい〉の方というふうに～』と恣意的《しいてき》に私の発言を平仮名で記載したことであり、その部分を

記者「赤い高級外車、持ってますよね？」
杉田「いえ、持っていません」
記者「持ってるじゃないですか」
杉田「持ってないです」
記者「車一台所有と書類に書いてありますよね」
杉田「それは全然違う車で、実家に置いてあります。秘書さんが赤いスポーツカーを持っていますが、私の車じゃないし、乗り回しているのも私じゃありません」
記者「でも、一回ぐらい乗ったことあるでしょ」

どうしたもんでしょうね。

倉山　ははは（笑）。赤い高級外車は秘書さんのものなのに、杉田さんがそれを乗り回していることにしたかったと。その当時の秘書さんも知り合いだから、杉田さんの車じゃないってわかるんですけどね。

はすみ　そう。もう取材前から見出しが決まっているんですよ。

内原記者に抗議をしました。彼は、『基地の外にいる方～』という部分は削除せず掲載しているから問題ないとの返答でしたが、平仮名ではなく『基地外の方』と表記すべきです。
　これにより、私は、差別主義者のレッテルをはられそうな勢いです」
　として、抗議したことを明らかにしている（小島 健一氏 Face-book ページ 2016/5/23 20:03）。

倉山注：「基地外」を最初に使ったのは、筒井康隆先生かな。

倉山　『週刊金曜日』の決めつけ話ですね。

はすみ　どこも一緒なのかなあとも思いますけどねえ。

倉山　『週刊金曜日』に対する最大の罵倒語を発見しました。「**リテラを見習え**」（笑）。
『リテラ』は詰めが甘いけど、『週刊金曜日』は取材としてなってない。××新聞レベルですな。これ、『週刊金曜日』に対する最大級の罵倒語だなあ〜。××には何が入るのだろうか。みんなで考えてみよう！　『リテラ』や『週刊金曜日』の諸君は、ちゃんと取材に来たら教えてあげよう。でも、裏どりしないでタダで教えてもらおうとしたら門前払い。

はすみ　マスコミ・出版の話はこのぐらいで、次章はパヨク有名人について語りましょう。

第二章

パヨク有名人

狂《くる》ったOSにどんなソフトを追加《ついか》しても
結局《けっきょく》は狂《くる》ったままで意味《いみ》がないんですよ
スタートから転んでいるんです
えーと…
それはつまり言《い》い換《か》えるならば…

闇鍋《やみなべ》にどんなに素晴《すば》らしい食材《しょくざい》を入れても…
所詮《しょせん》闇鍋《やみなべ》であることに変《か》わりがないということか…
ああやべぇ吐《は》き気《き》がしてきたよ
はすみさんお下品《げひん》ですよ
グツ
グツ
グツ

本多勝一　～元祖パヨク有名人～

はすみ　前章ではパヨクマスコミ・出版を叩きましたので、本章では個人をdis《ディス》ります。

倉山　パヨク有名人といえば、古くは本多勝一《かついち》でしょう。元祖パヨク、キング・オブ・パヨク。

本多勝一は、七〇年代には『中国の旅』、八〇年代にもなお『南京への道』（いずれも朝日新聞社）などで「南京大虐殺」を広めた人です。『朝日新聞』や『週刊金曜日』の常連で、必ず素顔を出さないので、覆面ジャーナリスト本多勝一として有名です。

はすみ　へえ。

倉山　なんだかよくわからない人です。小林よしのりさんが『ゴーマニズム宣言』で左っぽいことを書いていたときに本多さんに会ったのですが、全然世間に出てる顔と違うじゃん！　と驚いていました。

その彼が「南京大虐殺」の写真の捏造《ねつぞう》を認めた記事が二〇一四年九月二十五日号の『週刊新潮』に載りました。この人は稼ぐだけ稼いだので、自己批判を始めたということですか。

はすみ　結局、あの人たち、お金なのですかね。

倉山　金、生活。自分の言いたいことを言って飯食っていれば、それでいいみたいな。しかも田中角栄が北京に飛ぶ直前に話を広めました。

そこで保守派のジャーナリストである鈴木明さんが、『「南京大虐殺」のまぼろし』（文藝春秋、一九七三年）を世に出すことになります。が、いまだに鈴木さんのルポは社会で受け容れられているとは言えません。

古舘伊知郎～不世出の神から久米宏のエピゴーネンへ～

はすみ 次に、第一章で扱った『報道ステーション』のメインキャスター古舘伊知郎を取り上げましょう。

倉山 前章でも言ったように『報道ステーション』への最大の罵倒語《ばとうご》は『ニュースステーション』と呼んであげること。

はすみ 違いがわからないぞと。

倉山 「久米宏のエピゴーネン」と言われると、古舘さんは悲しむでしょうけれども。

今、古舘さんをパヨク、パヨクと罵《のの》っている人が案外知らない事実を言います。古舘さんは、『報道ステーション』の放映日の前日まで、『噂の眞相』に何を言われていたか。実は「産経タカ派文化人」と言われていました。

はすみ えっ。そうだったんですか？

倉山 そういう歴史を知らない人が多くて。**古舘さんがプロレスの実況アナウンサーをやってい**

た頃は、空前絶後、不世出の神ですよ。

はすみ　私も、プロレス実況のイメージのほうが強いです。

倉山　前田日明《あきら》を「キックの千手観音」とか言うのだけれども、明らかに高田延彦の方がキックは軽くて速かった。でも古舘さんに言われると、そんな気がしてくる。私は古舘さんの「戦う黒髪のロベスピエール」で、ロベスピエールという単語を覚えました（笑）。

アントニオ猪木さんの引退試合で、開口一番、

「アントニオ猪木よ、死んでくれ！」

素晴らしい言葉の力ですよ。

そして実況では、「アントニオ猪木のＩＷＧＰ取り失敗は、豊臣秀吉の朝鮮出兵、アメリカのベトナム戦争、オスマン・トルコのウィーン包囲作戦に匹敵すると言われております」です。誰が言ったか知らないけれど（明らかに古舘さんが最初に言ったんだが）、何となく猪木がホーガンに負けたのが豊臣秀吉の朝鮮出兵やベトナム戦争に思えてくる。ちなみに私は、それでオスマン・トルコとかウィーン包囲作戦という単語を覚えました。

古舘さんは、立教大学の学生時代に広辞苑を二回、全部読んだのですって。アナウンサーになりたくて。それに、六大学野球の試合のときに、バックネット裏で実況中継していたのだぞ

うです。勝手に、ひとりで。

はすみ　すごい情熱。古舘さんは、本当にイデオロギーに染まっていて、パヨったことを言っていたのではないのですか。

倉山　古舘プロダクションを食わせるためじゃないんですか？　別の言い方をすれば、プロに徹した。

はすみ　そういう意味では、芸人ですね。

倉山　しかも、出来の悪い芸人です。だから**「久米宏のエピゴーネン」**。なんでプロレス実況では不世出の存在なのに、そんなことやってたんだか。

それはさておき、報道ステーションに「お前、何パヨってるんだ！」と怒っても「そうですが、何か？」で終了です。痛くもかゆくもない。「どうせお前ら、弱小勢力の保守だろ？」と言い返されて終わりです。でも、「ニュースステーションの劣化コピー」と言ってやれば「ぐぬぬ」となります。彼らの価値観では、それを言われるのが一番痛いので。

何しろ、久米は内閣をいくつも潰したけれど、古舘は一つでも潰したのか。

はすみ　そういえば、一つもないですよね。

倉山　宮澤喜一内閣なんか、久米宏と田原総一朗にやられたと言われるぐらいです。田原総一朗などは『今だから言える日本政治の「タブー」』（扶桑社、二〇一〇年）の中で、宮澤の次の細川内閣は「久米・田原内閣」と呼ばれたとまで書いていますね。どうせ偏向報道をやるんだったら、椿事件《つばき》(※注)くらいの覚悟がないと。

はすみ　テレビ朝日の報道局長のオフレコ発言がもとになって、放送法違反じゃないかと言われた事件ですよね。

倉山　そう。細川内閣が成立した直後に、産経が当時の椿貞良《つばきさだよし》報道局長の発言を取り上げた。「小沢一郎のけじめはいいから自民党政権の存続を阻止する報道をやろう」と言ったと産経が書いたのです。それで郵政省も緊急会見をしています。

はすみ　事実なら電波利用停止と言って。その当時、病院勤めで忙しくて、ワイドショーくらいはちらっと見るけれど、仕事から帰って報道番組を見るなんて習慣はなかなかなくて。放送法絡みの事件だという知識としては知っています。

倉山　椿報道局長が衆議院に証人喚問されて陳謝したのだけれども、「偏向報道はやっていない」と開き直った。今のＢＰＯができるきっかけになった事件です。『報道ステーション』なんて、大人しいものですよ。

『ニュースステーション』が終わるときは、テレビ朝日でも「久米さん18年間ありがとう！」ということばかりやって、後継番組のは

※注：椿事件

宮澤内閣時代に東京佐川急便事件で金丸自民党副総裁が五億円の献金を受け取っていたことが発覚。国民の政治不信が高まる中、一九九二年五月細川護熙《ほそかわもりひろ》前熊本県知事が率いる日本新党が結成された。そして、翌年六月、衆議院議員総選挙が行われ、与党自民党が過半数を割り、非自民で構成される細川連立政権が誕生した。

選挙後の同年九月、当時のテレビ朝日の報道局長・椿貞良氏は日本民間放送連盟（通称：民放連）の番組調査会の会合において、「小沢一郎氏のけじめをことさらに追及する必要はない。今は自民党政権の存続を絶対に阻止して、なんでもよいから反自民の連立政権を成立させる手助けになるような報道をしよう

ずの『報道ステーション』の宣伝もなくて。

だから古舘さんで番組が右旋回するのかなと思っていたら、いきなり初日にパヨったことをやり始めた。以後、『噂の眞相』が古舘叩きを一回もやっていません。

すごい努力を積み重ねてプロレス実況の神にまでなった人なのに、いまや我々ごときに「久米宏の出来損ない」呼ばわりされるハメになってしまいました。人間、棺をおおうまで評価は定まらないと言われます。

鳥越俊太郎～セクハラ報道は人生最大のブーメラン～

倉山　打算の古舘より鳥越俊太郎のほうがパヨク度が高い。

はすみ　鳥越さんについては、私はひたすら心配。イデオロギーとか、顔のニヤケ具合とか、下半身とかどうでもいいわけ。彼の健康が気になります。

倉山　がんだと言っていましたね。それで、七十歳を過ぎてから、体を鍛え始めたとか。

ではないかというような――指示ではもちろんないんです――考え方を政経のデスクとか編集担当者とも話をしまして」との発言を行い大問題となる。

「小沢一郎のけじめ」云々とは、佐川急便事件で小沢一郎も疑惑の渦中の人物であったからだ。国会では小沢に対する証人喚問も行われているが関与を否定。金丸辞任後は小沢は羽《は》田孜《たつとむ》らと自民党を離党し新生党を結成、非自民細川政権に合流する。小沢は「自民党を離党したことが最大のケジメ」と言い、メディアも椿の言葉にある通り、深く追及しなかった。

椿はまた「朝日新聞のメディアページに『細川政権は一部では〝久米宏・田原総一朗連立政権〟とも言われている』と書かれ、非常にうれしいことであり、

はすみ　運動でがんは治りませんけどね。若い人は細胞分裂が早いので、癌もどんどん進行していきますけど、お年寄りは細胞分裂もゆっくりでがん細胞の発達もゆるやかです。高齢の人にがんが見つかったときに、がんで死ぬか寿命で死ぬかというチキンレースになってきます。鳥越さんの場合は後者なのではないかなあ。

倉山　現在の健康状態などはともかく、他人の過去を忘れさせない私としては、鳥越氏といえば二〇一六年の東京都知事選です。セクハラ騒動がありましたね。

はすみ　ありました、ありました。被害女性が週刊文春に暴露した話ですよね。都知事選の十四年前の話ですけど、鳥越氏が別荘に女子大生を連れ込んで迫った事件。あれで女性票が逃げたと言われました。

倉山　あの選挙での鳥越さんの一番大きな功績は、立候補を表明していた宇都宮健児《うつのみやけんじ》弁護士を一夜にして候補者から引きずり下ろしたことです。

　宇都宮弁護士は、サラ金や闇金などの多重債務や消費者金融の問題に携わっていました。日本中のヤクザを敵に回して一歩も退かず喝采《かっさい》を叫びたい」とも言っている。久米宏と田原総一朗はテレビ朝日の看板報道番組『ニュースステーション』そして政治家が生で出演する同じテレ朝系の『サンデープロジェクト』それぞれのメインキャスターであった。

　メディアは「政治改革」について質問し、政治家の多くもまた「変える」ことを公約に入れた。自民党に対する椿発言には次のようなものもある。「梶山幹事長と佐藤孝行総務会長が並んで座っていまして、何かヒソヒソと額を寄せて話していると か薄笑いを浮かべている映像を見ていますと、まだ、あの時代劇の悪徳代官と、それを操っている腹黒い商人そのままなんですね」まさしく、該当の映像が放送され、自民党は頑迷な守旧に最高裁で勝った人ですよ。日弁連会長もやっています。

はすみ　当時、七月十一日に立候補を表明していたのが、告示直前の十三日には一転して取り下げました。あれは何の力学が働いて、ああいうことになってしまったのでしょうね。

倉山　力学ですか。よく、私が「チャンネルくらら」の番組や講演会、書籍で解説している思想四分割の話で考えれば簡単です。二七ページの図を思い出してください。

鳥越さんは、民進・共産・自由党（生活の党）・社民党の野党四党の統一候補として担ぎ出されました。左下の宇都宮弁護士が左上に行くのを、左下の連中が嫉妬《しっと》して無理やり引きずり下ろしました。

はすみ　ああ、どこかの半島みたいな感じですね。アジア太平洋資料センターというNPO法人の代表をやっている内田聖子さんが宇都宮弁護士の選対にいたそうで、立候補辞退のときにツイッターで怒りのツイートを流していました。宇都宮弁護士、泣いていたそうですが。

倉山　奴ら左下の世界の中では、共産党が左上に行くのは許せないのです。

派と目された。自民党の候補者はポスターから党名をはずしたり、党名を小さく入れた。

しかし、何を変えるのか、どのように改革するのか、踏み込んだ討論も報道もなされないまま、国民もまた「変革」を望み、非自民細川内閣が成立することとなったのだった。

また、反自民でも共産党は応援の対象から外されていた。これにより自民党と共産党から抗議を受け、日本の放送史上で初となる、放送法違反による放送免許取消し処分が本格的に検討された。

事件直後に椿は取締役と報道局長を解任されている。十月二十五日、椿は衆議院に証人喚問されるが、自身の発言は軽率であったと陳謝したものの、偏向報道については否定。

はすみ　アンダーグラウンドのポジションから出ないでくれという。街角のビニ本止まりにしておきたいのですね。

倉山　そういうことです。戦前から、共産党というのはヤクザでいうフロント組織で、さらにそのフロントをやっているのが日弁連や、SEALDsのような共産党系団体です。だから、フロントはフロントのまま、組織を支配する本体になられては困るのです。

我々から見ると、元民主党でいえば枝野幸男と岡田克也の思想の違いなんてさっぱりわかりませんが、その世界の人にとっては違うわけです。あちらから見て『月刊Hanada』と『月刊WiLL』の違いも、文化人TVの『報道特注』とDHCテレビの違いもわからないのと同じです。

パヨクの中でも、パヨクなりにそういう違いがあって、枝野だけが嫌われ者。

はすみ　私、枝野さんのお顔立ちは好きですけどね。福耳だし、ご利益のありそうな顔をしているじゃないですか。

倉山　もともと、昔の社会党というのは菅直人が良識派になった世界ですから。

結局、テレビ朝日は内部調査を行い、処分は「行政指導」にとどまった。マスコミの偏向報道を象徴する事件であり、放送法で定められているテレビの公平原則が問われ、放送倫理・番組向上機構（BPO）が設けられる契機となった。

日本のマスメディアはほとんどが公平中立、不偏不党を標榜《ひょうぼう》しているにもかかわらず、実際には意図的に情報操作を行っていることが明らかになった事件である。

なお、この「椿発言」を報道したのは産経新聞であるが、非公開の場でのオフレコ発言を発表し、問題にしたことを問う声もある。

倉山注：梶山幹事長、佐藤総務会長に三塚博政調会長が並んでいると、「悪代官顔」のオール

はすみ　えええっ！　「ボクは原子力に詳しいんだ」の菅直人が！

倉山　そう。あれがマシなほうだった。枝野さんに至っては、日本新党の候補者公募で政治の世界に入って、新党さきがけ経由で民主党に行っていますから、一度も社会党に入っていません。当時、政策新人類と呼ばれて、安倍晋三と肩を並べていたのです。NAIS（根本匠・安倍晋三・石原伸晃・塩崎恭久）とか四人組とか呼ばれていたのですけど。今見るとすごいメンツで、安倍さんの黒歴史（笑）。

はすみ　もうやめてあげて！（笑）。安倍ちゃんの悪口はー。

倉山　悪口じゃなくて事実ですし。永井美奈子アナウンサーが、日本テレビの命令でDORAという女子アナアイドルグループを作らされていたようなものですよ。

はすみ　触れないでほしい過去って、誰しもあると思うのですが（笑）。

倉山　触れられたくない過去といいますけど、政治家の女性スキャンダルというのは昔は大した話ではなくて、「好きにやってください」というものでしたよ。

戦前生まれの政治家で、春日一幸《かすがいっこう》という人がいます。戦後、日本社会党の結党に参加して、愛知県から衆議院議員になりました。そ

スターキャストだった。首相の宮澤喜一が「さらし首顔」だったので、連中の脂ぎった感はハンパなかった。

の後民社党の委員長になるのですけど、この人がすごいんです。選挙演説のヤジで「妾《めかけ》はどうした！」と言われて。

はすみ　「妾」っていいなあ。日本語って素晴らしい。

倉山　春日がヤジに応えて「おかげ様で元気だ！」。その程度。

はすみ　政治評論家のKさんにお会いしたときも、「偉い政治家の奥様や愛人といった女性は、すごく気が強くて頼もしくて、ウエストも百二十センチくらいあって……」と言っていましたね。

倉山　政略結婚が多いからです。政治家は基本的に閨閥《けいばつ》がある。本妻さんは仕事の一環、恋愛は妾としろ。春日さんは「女と政治のどっちを取るんだ」と言われたときに、「女に決まっているだろう！」と即座に委員長を辞任したのですけれども、それで許される牧歌的な時代でした。

はすみ　そういうの、嫌いじゃないですよ。いつから女性スキャンダルが致命傷のようなことになるのでしょう。

倉山　最初に取り上げられたのは、田中角栄の金脈政変です。田中角栄の金脈を追いかけるときに、愛人で秘書にして金庫番だった佐藤昭子のことを取り上げました。これは、愛人だから取り上げられたのではなく、金庫番だから取り上げられたのです。

児玉隆也という記者が取り上げて、文藝春秋に「淋《さび》しき越山会《えつざんかい》の女王」という記事が載りました。田中角栄にとっても、金脈よりも愛人の暴露のほうが堪《こた》えたとか。

田中角栄を追い詰めた三木武夫なんて、「クリーン三木」を標榜《ひょうぼう》しながら、みんな三木の女遊びは知っていたわけです。知っていて、みんな黙っている。お互い様の時代です。

はすみ　個人的には、男は甲斐性があって、きっちり養ってくれるなら女を何人つくってもいいと思うのですけれどね。女をつくって捨てて、養育費も払わずに知らんぷりというのは論外で、女をつくったらつくったで、妻と子どもがきちんと暮らしていけるだけの仕送りするというのをちゃんとやっていれば。

倉山　自分の旦那がお妾さんをつくっても、自分は浮気しないですか？

はすみ　私はそういうエネルギーがないんですよ。

うちの個人的な話なのですけど、父がものすごい母ラブでした。家事をやっていてちょっと姿が見えないと「母ちゃんどこ？」と言って、もうストーカーかという勢い。それで終いには、呆《あき》れた母が近所のスナックに「ちょっと二、三時間面倒みてやって」と電話すると（笑）。スナックの女の子に迎えに来てもらって、いない間に家事をやっつける。

倉山　お父さん、イタリア人みたいな人ですね（笑）。

さて、本題に戻って。

政治家の女の話なんて、そんなに重い話ではなかったものを、許されない話にしたのが鳥越俊太郎。宇野宗佑《うのそうすけ》元首相の女性スキャンダルのときです。宇野さんもクリーンなイメージがあって、リクルート事件後に竹下登が引責辞任した後、白羽の矢が立ちました。ところが、週刊誌に不倫問題が大きく取り上げられることになります。取り上げたのが、当時『サンデー毎日』の編集長だった鳥越ですから、**都知事選の女性スキャンダルは人生最大のブーメラン**になりました。

はすみ　まさか二十七年後に自分が選挙に出るとは思わないでしょうし。

倉山　宇野宗佑は単にセコイ話でしたけど、鳥越はええ勝負なくらいセコイだけではなくて卑劣。

はすみ　マスコミ志望の女子大生を連れ込んでいますからね。本当に大ブーメラン。

パヨクは、後先考えないからパヨク。鳥越さんも後先考えていなかったということですよね。自分自身が「男」だったということを考えないで、他人の女性関係を追及してしまって。

倉山　女性の味方みたいな顔をして。

しかし、ストーカー規制法ができたのは、鳥越さんの粘着質でストーカー気質の取材のおかげですからね。あれは、取材として立派だったと思いますよ。褒めるところは褒めないといけないので紹介しますけれども、ストーカー規制法が立法されるきっかけとなったのが、一九九九年十月の桶川《おけがわ》女子大生殺人事件です。テレビ朝日の『ザ・スクープ』という番組でキャスターをやっていた鳥越さんの特集企画で、警察権力の腐敗というのを取り上げたのです。『桶川女子大生ストーカー殺人事件』（鳥越俊太郎・取材班著、メディアファクトリー、二〇〇〇年）に、当時の取材活動がまとめられています。

はすみ　少しは社会の役に立つこともしているんだ！

倉山　その『ザ・スクープ』が始まるときの記者会見には笑いましたけど。記者会見で「この番組のコンセプトはSEXでいきたいと思います。Sはスクープ、EXはエクスペリメント、スクープ&エクスペリメント。これをこの番組のコンセプトにしたいと思います」って、なぜいまだに暗唱できるのでしょう、私は（笑）。

はすみ　他人の過去を忘れさせないって、大事ですねえ。

関口　宏〜「知ったかぶり」パヨク〜

倉山　さらにパヨク度を高めましょう。関口宏は、はすみさんどうですか。

はすみ　二〇一七年の秋口に、『サンデーモーニング』を二か月間、毎週みっちり観ていたことがありました。二時間番組のところを、書き起こししながら七時間かけて観るという苦行を。あの番組を観ていると本当に頭がおかしくなるのですが、それを毎週毎週、朝早起きして視聴しているおじさん・おばさんたちの心境や如何《いか》にと思います。洗脳番組です。書き起こしをしながらじっくり観ると、関口宏はパヨクというよりも、お花畑。

ちなみに書き起こしというのは出版業界の専門用語で、音声を聞きながら、それを文章にすることです。

倉山　お花畑左翼ですか。

はすみ　パヨクというのは反日左翼のことを言いますけど、関口宏の場合は何も考えていないです。

倉山　あまり教養のある人ではないですね。日テレで『知ったかぶり』という番組をやっていた。

はすみ　『知ってるつもり?!』ですって（笑）。

倉山　『クイズ100人に聞きました』の頃はよかったのですけどね。

はすみ　ああいう何も考えていない人は、バラエティとかで何も考えないでやっていればいいのに、なんでイデオロギーというか社会派的なところへ来てしまうのでしょうね。古舘さんもそうですけれども。

今はトランプと安倍さん叩きに必死。

倉山　トランプ叩きなら、読売もやっています。一時期、一日一回は必ずトランプ叩きの記事を入れていた。日課です（苦笑）。

望月衣塑子～安倍官邸が生み出したスーパーアイドル～

はすみ　ところで、パヨクには女性もいますよ。特に望月衣塑子《もちづきいそこ》ちゃんは最近出てきた左派待望のスーパーアイドル！

倉山　望月衣塑子と保守系の◯◯◯◯が対談していると、どちらもポジショントークですが、見た目では衣塑子さんのほうを応援したくなります。でも、衣塑子さん、顔が♥♥っぽいですよね（笑）。

はすみ　お顔立ちはすごくスキッとしてね、宝塚の男役みたいな顔。

ところで、衣塑子さんって、菅義偉《すがよしひで》官房長官への質問で急に話題になりましたけど、前から記者として仕事をしていたんですか？

倉山　東京新聞で担当になったというだけ。○○○○よりはマシですよ。もともと望月衣塑子は社会部なのに政治部の管轄にしゃしゃり出てきた。だから、場違いな発言をしてしまったらしい。

それに安倍・菅の情報統制が甚だしいので、一人ぐらいああいうのが出てきてもおかしくないと言いたくなります。

はすみ　え？

倉山　本音では安倍支持なのに、政治上のいきがかりで表向きは反安倍の立場をとっている人が裏で言っている主張を聞いてください。

はすみ　はい。

倉山　話はこうです。元文科事務次官・前川喜平の出会い系バー通いについて読売新聞に書かせましたが、いくら前川が憎くても、あれはやってはいけないことですよ。あんなの官邸のリークでなければ、忖度《そんたく》か？　大人の常識で考えてリークでしょう。

リークするにしても、普通は週刊誌とかタブロイド紙に渡すものです。某紙は掲載を断ったらしいですが。その読売にしても、政治部は「社会部のアホどもが」と怒っているらしいです。あの場合、安倍・菅は、人として間違ったことをしました。元都知事の猪瀬直樹がエロサイトをお気に入り登録した件を拡散しているのと一緒です。それぐらい恥ずかしいことを政権与党が権力を使って、日本一の大新聞にやらせたということなのです。衣塑子のような記者を生み出したのは安倍・菅ですよ。と言われて、安倍さんや菅さんの応援団は聞く耳を持つでしょうか。以上、反安倍の主張です。

はすみ　それでも、前川憎しが先に立つでしょうね。

倉山　ええ。この話の信憑性は知りません。しかし、安倍さんに逆らったらガールズバー通いまでばらされる、と一定数の国民が思ったのも確かです。パヨクが何を言おうがどうでもいい。圧倒的多数の中間層にどう思われるかが、保守とパヨクのどちらが勝つかの分水嶺《ぶんすいれい》ですから。

はすみ　それにしても衣塑子ちゃん、あの質問の仕方は、お母さんに「なんで、なんで」と聞いている幼児のようで、あの人のこれからの人生は大丈夫なのだろうかと個人的に心配になりますね。

倉山　ところで、望月衣塑子は反自衛隊の本を書いているのを知っていますか。望月衣塑子『武器輸出と日本企業』（角川新書、二〇一六年）という本です。武器輸出を禁止しようという内容ですから、筋金入りのパヨクです。だから「どちて坊や」じゃないのです。

はすみ　では、困らせようとして「なんで、なんで」と言っているということですか。

倉山　単純に能力が低いのでしょう。ほかにいくらでも突っ込みようがあるのに、ああいうことしか言えない。賢い左翼なら、あれはやらない。

はすみ　それは今の左側野党全般に言えることですけど、倒閣したかったら、いくらでもネタがあると思うのです。

倉山　わかってないなあ〜。倒閣なんか、したいわけがないでしょう。

はすみ　え？

倉山　パヨクは倒閣したいと思っているけど、左下でもちょっと上のほうに上がると安倍たたきで生活しているんだから、本当に倒閣なんかしたら、とたんにあの人たちのメシの食い扶持《ぶち》がなくなるじゃないですか（笑）。

はすみ　だから、本当に倒閣したいんだったら、いくらでもネタあるのに、いつまでも森友《もりとも》学園や加計《かけ》学園問題でくだらない質問ばかり延々としているのですね。森友学園問題は二〇一六年前半からですから、アニメなら四期分、シーズン・フォーですよ。まだやっている。

倉山　モリカケだって菅さんから機密費もらってやっているに決まってるじゃないですか（笑）。そんな証拠はありませんが、私は決めつけてます。

安倍さんの機嫌はよくないかもしれませんが、モリカケで騒げば騒ぐほど自民党の党益になることしかないですからね。希望の党の中山成彬さんまでモリカケ問題について発言しはじめたときには、とうとう安倍内閣を存続させなきゃいけないと決意したかと思いました（笑）。

はすみ　あんなに安倍支持だったのにね。

倉山　モリカケについてうるさく質問する人には「機密費をいくらもらったんだ」とヤジればいい。「本気でやる気あるのか、菅からいくらもらった！」とね。昔の名物男ハマコー（**浜田幸一**(※注)）だったら、言っていますよ。

はすみ　ハマコーだったら、オレが金を持っていったとか言うかもしれませんよ（笑）。

倉山　実名、金額入りでね（笑）。

とにかく、**衣塑子ちゃんを生み出したのは安倍官邸と御用評論家**ですよ。私に言わせれば、その望月衣塑子でも、保守系の御用記者・御用評論家に比べればよっぽど人間らしくてマシですよ。

はすみ　それは私はノーコメントで（笑）。

※注：浜田幸一

一九二八～二〇一二。自由民主党の政治家。衆議院議員当選七回。衆議院予算委員長、また、広報委員長や副幹事長など党のポストにはついたが大臣にはなれなかった。口が悪いが愛嬌があり、ハマコーの愛称で知られる。政界引退後はバラエティ番組に出演するなどタレント活動を行う。

倉山注：「オレはグレてヤクザになったんじゃない。ヤクザになって更生し、政治家になったんだ」と公言するような人だった。昔の自民党は、「衆議院に七回当選したらハマコー以外、誰でも大臣にしてあげる」という〝優しさと思いやりの政党〟だった。「触らぬハマコーに祟《たた》りなし」という格言もあった。

室井佑月～プロデューサーが思い描くバカ国民の代表～

はすみ　それから、室井佑月《むろいゆづき》という人もパヨク。

倉山　MXテレビで、よくわからないけど左がかったことを言っている人ですよね。

はすみ　この人、何を言っているか、具体的に中身が全然わからない。

倉山　わざわざ、ここで取り上げるべき人？

はすみ　中身のない人ですが、私はこの人について、一つだけ言いたいことがあります。本来ならテレビに出るべきではない人を、テレビに出す人がいる。室井佑月は**テレビ番組のプロデューサーが思い描く日本国民の代表**なのです。レベルが低い人を出しておけばウケるだろうと。視聴者を見下すのもいい加減にしろと言いたい。

倉山　いろんな意味でキャラ立ちはするんですよね。室井さんに関して、私は何も言うことがありません。次、吉永小百合！　室井佑月、吉永さんと同じ席に入れてもらえただけありがたいと思え、以上。

はすみ　完全に引き立て役の前座ですね。

吉永小百合〜狂ったOSに上質ソフト〜

倉山　さて、その吉永小百合ですが。

はすみ　私、世代ではないのですよね。

倉山　私も違いますよ。某役所で、誰からもバカにされているノンキャリの人がいたのですけれど、とある機会に吉永小百合のお世話をしたというだけで、キャリアからも一目置かれるようになったという話があります。

はすみ　すごい影響力ですね。

倉山　おとぎ話の世界で、お姫さまのお世話をした召使がお姫さまの取り巻きのお貴族様から尊敬されてしまうがごとくです。

吉永小百合は早稲田大学第二文学部の卒業ですが、当時一年後輩だったタモリが学食で、吉永さんの食べ残しを食べようとしたという伝説がありますけどね。タモリさんの崇拝ぶりは有名な話ですが、吉永小百合はそれくらいのカリスマなのです。

吉永さんのどこがいいのかというと、清純派。その崇拝者にサユリストという名が付くほど、特定の世代にとっては名前を聞いただけで顔を赤らめたくなるようなカリスマ性があるわけです。

はすみ　でも、憲法九条信者ですよね。

倉山　共産党の赤旗の記者に聞くと、「私たち党員だって、吉永小百合さんや山田洋次さんが党員かどうかというのは、わからないのですよ」と言います。

はすみ　じゃあ、党員ではないのでは？

倉山　本当の党員は、共産党員だと言いませんからね。名簿などで党員にわかるところにも載せない。だから吉永小百合や藤原紀香、宮崎駿《はやお》のような人が「公平中立な立場で赤旗や共産党を支援してくれています！」と言えるのが、彼らにとって重要なのです。バレバレなのだけれども、カモフラージュをするというのは、モスクワの手口です。

はすみ　モスクワって、旧ソ連の首都ですね。

倉山　どこからどう見ても党員、少なくとも完全にシンパなのは間違いないけれども、党員かどうかの情報は存在すら秘匿されているわけです。ちなみに、黒柳徹子は子どもの頃になりたかった職業がスパイだそうです。実現しているかどうかは、読者の皆さんにお任せしましょう（笑）。

はすみ　スパイ！　それであの髪型をやっているなんて、バレバレではないですか！　百メートル先からでも「あ、黒柳徹子がいる」ってバレるのに。

倉山　スパイというのは、相手方に対して己の意思をコントロールすることが大事なのです。情報を取って分析することだと、よく勘違いされていますけれども。

吉永小百合はカリスマ性があって、しかも、多忙な芸能活動をやりながら、きちんと早稲田大学第二文学部を卒業しています。

はすみ　本物の淑女ではあるのですか。

倉山　お勉強はできたのでしょうね。

はすみ　でも、憲法九条。

倉山　**最初にインストールしたOSが狂っていたら、その後どんな良いソフトを流そうとしても意味がないということですよ。吉永小百合というのは、最初の哲学というか基本的な立場がダメなのでしょう。**

はすみ　スタートした初《しょ》っ端《ぱな》からコケているというか。

倉山　最初の立脚点が間違っていたら、どこまでも間違いになってしまうのです。頭が良ければ良いほど狂う。

例えば、ナチス・ドイツで何人のユダヤ人をどうやって合理的に殺すのか競っていた話があるのですが、そんなプランは実行されたら困りますよね。最初が間違っているのに、その合理性を威張ったって仕方がない。でも、突き詰めてしまうのです。

次章は少し硬派なテーマに移りましょう。政党と政治家についてです。

第三章

政党・政治家

ウチ政権運営《せいけんうんえい》コリゴリやねん
もう野党第一党《やとうだいいっとう》でええわ〜
社会党《しゃかいとう》
そうなん？もったいないわ〜
でも逆《さか》らった奴《やつ》は絶対許《ぜったいゆる》しちゃあきまへんよ
共産党《きょうさんとう》
そういう時《とき》は選挙区《せんきょく》に刺客《しかく》を送《おく》るんどす！
僕《ぼく》は絶対《ぜったい》政権与党《せいけんよとう》になってみせる！
民主党《みんしゅとう》

二十年後《にじゅうねんご》…
政権運営《せいけんうんえい》怖《こわ》かったねん！
ギーッ
もう野党《やとう》第一党《だいいっとう》でええ！
ギリッ
逆《さか》らった奴《やつ》は選挙区《せんきょく》に刺客《しかく》を送《おく》ったるッ!!
ギリッ
民主党《みんしゅとう》→民進党《みんしんとう》

話の前提～社会党・民主党・民進党・立憲民主党の関係～

倉山　現在の政党の話に入る前に、その前提として、これまでの歴史を押さえておきましょう。

図は自民党と旧民主党の思想分布図です。縦軸横軸は何でもいいのですが、自民党は全体的に広がっている。

はすみ　そうですね。自民党って何でも揃ったデパートですよね。

倉山　旧民主党は四隅にあって真ん中がいない。西村眞悟（現・日本のこころ）と辻元清美（現・立憲民主党）のように各々が端と端にいる感じ。

はすみ　よくこれで空中分解しないなあ。するんだろうけど。

倉山　しました。左が右を追い出して、民進党になりました。今はさらに分裂して、立憲民主党が生まれました。

では、ここから政党の流れについてお話ししましょ

図：自民党（一重丸）と旧民主党（二重丸）

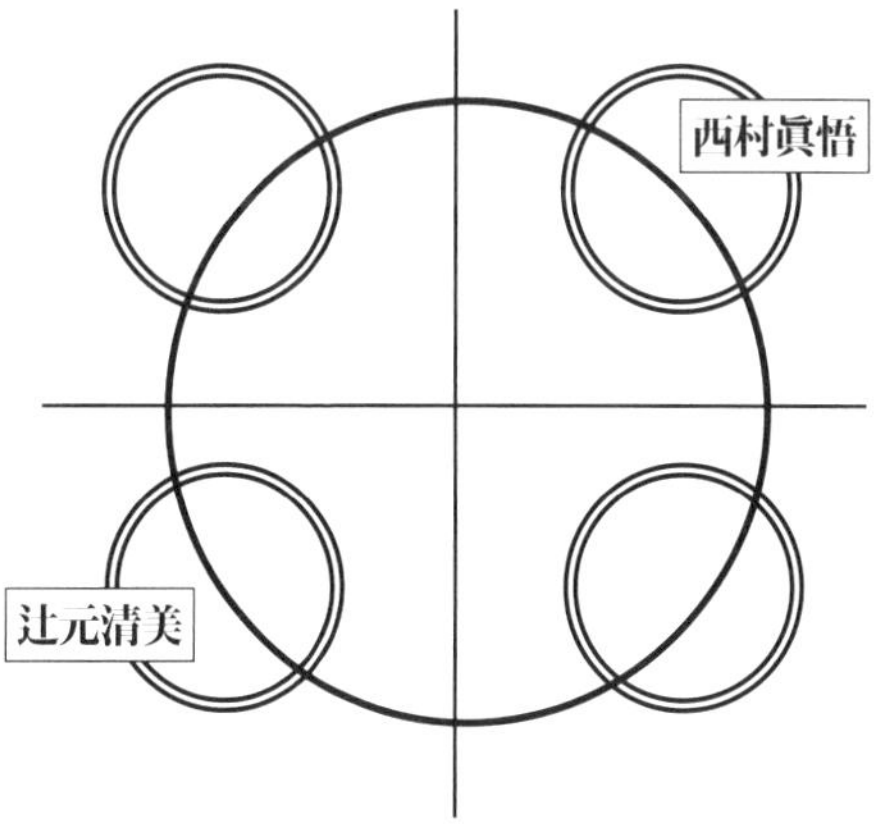

う。まずは社会党とは何ぞや。

はすみ　お願いします。

倉山　戦前は政友会・民政党（後の自由党・民主党）による保守二大政党制であって、社会党はマイナー政党でした。リベラルのことを「革新」とも呼びますが、「革新」など勢力を持てなかったのです。

その勢力が増してきたのは戦後です。マッカーサーのテコ入れにより、いきなり政権を取ってしまいました。しかし、社会党には政権担当能力がありません。

はすみ　数年前の民主党と一緒。民主党政権はマスコミによってつくられたようなものでしたが、いざ政権運営させてみたらできなかった。

倉山　二〇〇九年に誕生した民主党政権はそういう図式でしたが、**戦後間もなくの社会党はマッカーサーが育てた**もので、マスコミはそこで動いていません。

戦後一回目の選挙で、マッカーサーが具体的に何を行ったか。民政党の後身である**進歩党議員二七四人中二六〇人を公職追放**してしまったのです。

はすみ　え～っ。すごいですね。運動会の前にライバルの上履きの中に画鋲《がびょう》を入れるような感じですよね。

倉山　そう。そんな感じ。地方の人は社会党に票を入れません。社会主義政党を支持するのは都会の人です。それで、意図的に都市政党である進歩党をぶっ潰《つぶ》して、社会党を勝たせたというわけです。

それでも、日本人のリテラシーはまだまだ高かったので、単独過半数は渡しません。戦後二回目の選挙ではマッカーサーが肩入れしたにもかかわらず、社会党は一四三議席、自由党は一三一議席と約十議席差でした。委員長の片山哲は、進歩党の後身の民主党と連立内閣を組みます。

当初の社会党には右と左があって、社会党右派は穏健な都市政党を目指していました。左派は共産党の隠れ蓑《みの》みたいなものです。だから、社会党は共産党と次世代の党が同居しているような党でした。

片山内閣は左派に閣僚を渡しませんでした。すると、左派が造反し予算を否決、片山内閣を潰すという暴挙に出ました。以降、社会党は政権担当恐怖症になってしまうのです。

ほどなくして一九五五年に、自由党と日本民主党が合併して、自由民主党を結成します。万年与党です。それに対して万年野党だけど、第二党の地位を離さないのが日本社会党です。

この両党で全体の九〇パーセントの議席を占める体制ができあがります。

自民党は政権与党であること以外に何の存在価値もない人たちの集まりで、確固とした思想などありません。ただ、衆議院で絶対に五一パーセント以上の議席が欲しいのです。逆に社会党は政権担当恐怖症なので、五〇パーセント未満でいい。でも、当選はしなければならないので、恐ろしく低い目標を掲げます。それが憲法改正阻止なのです。だから衆議院でも参議院でも、どっちでもいいから、三四パーセントの議席があればいい。

自民党としては、この社会党のような自らの立場をまったく脅かさない党が野党第一党でいてくれると助かります。まともな野党が出現したときに、潰せますから。実際に公明党・共産党の勢力を伸ばさないという点では意味がありました。

一九五五年以降、この自社二党が談合して政治を行う体制が続きました。これが**五五年体制**と呼ばれるものです。

ところが社会党の中にも、これじゃあダメだろうと考えるまともな人もいて、彼ら右派は民社党をつくって社会党を出ていきました。しかし、社会党に残った議員のほうが数が多かったため、出ていった側の勢力は総体的に弱い。そして、社会党残留組の中では、頭のおかしい人の割合が高まるわけですから、彼らの発言力がより大きくなり、わずかに残った真人間の意見は以前にもまして通らなくなります。すると、まともな人が耐えられなくなって出ていく……これを延々、繰り返してきたのが社会党の歴史です。**自ら眠る自民党に、斜めに壊れる社会党。**そして、社会党から出ていったまともな人の党（社会市民連合、のちの社会民主連合）に、社会党に入らずに入って来たのが菅直人。

はすみ　つまり、菅直人すら入らない社会党。

倉山　菅直人でも社会党に放り込んだら真人間の部類に入る。社会党というのはそれだけ恐ろしい政党でした。

社会党には政権を担う意志も能力もありません。そのくせ内ゲバはやる。普段、パヨったことを言っているクセに、そのパヨったことも本気でやる気はない。挙句の果てに自民党から金をもらって野党第一党の地位を維持するような政党だったのです。

はすみ　え？

倉山　これ、公開情報です。

そうなると、自民党の派閥抗争がどんどんひどくなって、どんなに腐敗しても、国民は「**まさか社会党に政権を渡すわけにはいかない**」と思ってしまいます。

五五年体制の結果として、選択肢が自民党しかなくなってしまいました。自民党か社会党かの二択ではなくて、自民党を選ぶか政治に関心を持たないかの二択になってしまう。それで、無党派が増えて、**ちゃんと政権を取る政党にならなきゃいけないという高い志を持って結党されたのが民主党なのです。**だから民主党は社会党よりはマシ。

はすみ　あれでもマシだったんだ！

倉山　それくらい社会党はひどい！　自民党から金をもらっているんですよ。民主党の場合、それはないです。**社会党は存在すること自体が日本の民主主義を否定しています。対する民主党は、その思想や政策の良し悪しは別にして、デモクラシーを機能させ得る政党ではありました。**デモクラシーが機能した結果、民主党が行ったことの是非は置いておいて、存在することそのものは民主的でした。社会党は日本のデモクラシーを破壊する存在です。民主党はやったことがことごとく害でしたが、社会党はやったことだけでなく、存在そのものが害でした。**その社会党でも民進党と比べるとマシ。**民進党が最低です。なぜならば、社会党の悪いところを引き継ぎながら、さらに、逆らったヤツに刺客を送るという陰湿さがある。共産党の手口です。**社会党と共産党の悪いところだけを足した史上最低の政党が民進党**なのです。

はすみ　どんどん悪くなっていった!?

倉山　だから、民主党はマシだった。社会党から民主党へ、ちょっと上がって、民進党はガクンと下がっている。

はすみ　次は上がりますかね。

倉山　さあ。どうして民進党がそうなったかというと、左がかって民主党のまともな人を排除していったからです。つまり社会党化がひどくなった。

以上のようなことを知らないと日本の憲政史はわからないし、パヨクが何をやっているのかもわからない。

結局、民主党がなぜ政権を取れたかというと、民主党が優れていたからではなく、自民党の失策が原因です。

自民党の唯一最大の存在意義は国民に飯を食わすことでした。はっきり言えば池田勇人の遺産なんですよ。それを麻生太郎の時代に食い潰してしまったから政権を失いました。そして、安倍さんはその失った信頼を取り戻そうとしている。

はすみ　麻生さんが漢字が読めないとマスゴミが騒いだりしましたね。

倉山　それが原因で支持率が落ちたと言う人がいますが、あれ、大嘘です。言葉の間違いなら、池田勇人なんて「能ある猫はヘソを隠す」とか「外国に行くにはエケチットが必要だ」などの迷言を吐いています（笑）。大丈夫か、コイツと言いたくなるような間違いですよね。大学出てますか、どこですか、京大法学部です（苦笑）。それでも許されたのは国民の生活を目に見える形で向上させたからです。

麻生さんはリーマンショックという大危機に有効な手を打たず、日銀のデフレ維持政策を支持しました。アメリカやヨーロッパの中央銀行が即座に金融緩和で対応したのに日本銀行だけが何もしなかった。さらに、この大変なときにＩＭＦに資金援助を申し出ています。この点について詳しくは小著『自民党の正体～こんなに愉快な派閥抗争史～』（ＰＨＰ研究所、二〇一五年）をご参照ください。つまり、タダでさえデフレ不況のときにリーマンショックの直撃を自ら喰《く》らいに行くような、タワケたことをやったわけです。それでさらに頭の悪い漢字の読み間違いをするから国民が怒ったわけで、熱心な麻生支持者諸君が言うような〝マスゴミ〟のせいじゃないですよ。

はすみ　だから、あのときは**鳩山由紀夫の民主党でもいいから麻生の自民党は嫌だと思われちゃったんだ。**

倉山　当然ですよ。自民党が存在意義をなくしてしまったのです。

はすみ　国会でカップラーメンの値段を尋ねられて「四〇〇円」と答えたのも、庶民感覚のなさとしてやり玉にあげられていましたね。

倉山　一度でも、麻生太郎を褒めた過去があるヤツはバカ認定していいです。

はすみ　でも、私は麻生さん、好きですよ。

倉山　（強く）それは、男を見る目がないですよ。

はすみ　だから、いつまでも一人なのかも。

倉山　とにかく、**保守諸君は鳩山民主党を叩くのだったら、麻生自民の反省をしなきゃだめですよ。**何度も言うようですが、自民党の存在意義は国民に飯を食わすことなので。麻生政権のリーマンショックへの対応は最低でした。本来、日本にはあまり関係がないはずのものだったのに、いちばん喰らうことになった。あれを忘れてはいけません。

立憲民主党と無所属の会～五五年体制再び～

倉山　以上が現在の政党を理解する上での前提として押さえておいてほしいところです。そして今、立憲民主党が生まれてきたわけです。

はすみ　私は枝野さん、好きですよ。フルアーマーとか、おちゃめじゃない。一人だけフルアーマー。原発事故があった直後、視察にいったときに、他の人はマスク程度のガードなのに、あの人は頭のてっぺんから足のつま先まで防護服で覆って行きました。「どんだけ臆病なんだ」とみんなに笑われていましたけど、あの人はすごく慎重で、危機管理能力が高いのではないか、政治家としては十手先まで読んで行動しているのかなと。私はかわいいと思うんですよね。用心深い。発言を聞いていても、あの人、うっかりとした失言もないじゃないですか。言葉をきっちり選んで話している。そういう見習うべきところは見習いたいと思いますね。

倉山　私も枝野さんと立憲民主党の悪口を言いませんよ。というのは、二〇一七年九月末、徳間書店から『右も左も誤解だらけの立憲主義』という本を出しました。「憲法」をテーマにしたただでさえ売れない、左翼だったら、きっと初刷二千部、実売五十部といったところですよ。しかも、その内容は徳間書店のマニアックな担当編集者の趣味の世界になってしまったので、売れない要素が詰まった本だったのです。内心「こんな本、絶対に売れるわけねえや」と思っていましたよ（苦笑）。

ところが発売日の九月二十八日に衆議院解散という突発事故が起き、さらにその五日後の十月三日には、一九四〇年の立憲民政党解党以来七十七年ぶりに、「立憲」と名のつく国政政党が復活するという大事件が起こりました。おかげで憲法本としては信じられない売れ行きで、発売十日でまさかの重版！　立憲民主党の結党にあたっては無数の悲喜劇がありましたから、何百人もの人間の人生を犠牲にして売れた本とも言えます。その方々には大変申し訳ありませんが、**私は日本最大の枝野受益者です**（笑）。**枝野さん、ありがとう！**

まじめな話、本章冒頭の憲政史の話で、社会党はマッカーサーが育てたと言いました。さらにもとを辿《たど》れば、昭和十二年の林銑十郎《はやしせんじゅうろう》首相が行った食い逃げ解散のときに民政党という都市を代表する政党が三十議席削られて、当時の社会大衆党（社大党）は三十六議席という一定の勢力をはじめて得ることができたのです。ちなみに、一九三七年三月三十一日、昭和十二年度の予算が可決されるなり、林内閣はすぐに衆議院を解散したので、通称「食い逃げ解散」と呼ばれます。

そこが社会党の基盤で、都市にリベラルが入り込むのは、この昭和十二年からなのです。それまでの保保二大政党制から、戦後は保革一・五大政党制に移りますが、その萌芽《ほうが》がそのときに芽生えました。この場合の保守とは、「日本国という価値観を否定しない」ことです。政友会も民政党も山のように問題はあったけれども、日本国という価値観を否定する政党ではありませんでした。最近は自民党も、かなり怪しいですが。

今回、希望の党ができ、保保二大政党制は無理でも保保一・五大政党制はできるかもしれなかったんですよ。それを保守のおバカどもが、△△△△とか□□□□とか○○○とかが×××の口車に乗って、小池叩きをやったから、枝野の立憲民主党が勝ったわけでしょう。

はすみ　おっしゃるとおり。結局、小池叩きをやって枝野を勝たせた。余計なことをしてくれたなという感じですよ。

倉山　鬼畜米英と叫んでソ連を喜ばすようなことをやったわけです。（吐き捨てるように）×××

ご購読ありがとうございました。今後の出版企画の参考に
致したいと存じますので、ぜひご意見をお聞かせください。

書籍名

お買い求めの動機

1　書店で見て　　2　新聞広告（紙名　　　　　　　　　）

3　書評・新刊紹介（掲載紙名　　　　　　　　　　　　）

4　知人・同僚のすすめ　　5　上司、先生のすすめ　　6　その他

本書の装幀（カバー），デザインなどに関するご感想

1　洒落ていた　　2　めだっていた　　3　タイトルがよい

4　まあまあ　　5　よくない　　6　その他(　　　　　　　　　　　)

本書の定価についてご意見をお聞かせください

1　高い　　2　安い　　3　手ごろ　　4　その他(　　　　　　　　　)

本書についてご意見をお聞かせください

どんな出版をご希望ですか（著者、テーマなど）

郵便はがき

料金受取人払郵便

牛込局承認

5559

差出有効期間
平成31年12月
7日まで
切手はいりません

162-8790

東京都新宿区矢来町114番地
神楽坂高橋ビル5F

株式会社ビジネス社

愛読者係 行

ご住所 〒 TEL:　　(　　)　　FAX:　　(　　)			
フリガナ お名前		年齢	性別 男・女
ご職業	メールアドレスまたはFAX メールまたはFAXによる新刊案内をご希望の方は、ご記入下さい。		
お買い上げ日・書店名 年　月　日　　市区 町村　　書店			

×って、**馬場《ばば》鍈一《えいいち》**(※注)みたいな奴だ。

戦前日本のバカさ加減については『コミンテルンの謀略と日本の敗戦』（江崎道朗、PHP新書、二〇一七年）に詳しく書いてありますので、ぜひ読んでください。戦前・戦中からの反省が全然ない保守のこの頭の悪さ。**枝野を叩くのだったら、あのとき小池叩きをやっていた奴ら、全員丸坊主にしてからでしょ。**

はすみ　枝野がこういう出方をするというのが私も最初はわからなくて、小池を叩いていたんですけど、枝野が立憲民主党をつくったとたんに、私は黙りました。これ、ヤバイと思って。それで、「みなさん、あんまり小池さんの悪口言うのはやめようよ」と言ったら、「お前は敵の回し者か！」と非難されました。

倉山　私は最初から小池叩きも枝野叩きもしていませんよ。

はすみ　私は最初だけ小池叩きをしていましたが、枝野が出てきてからはノーコメント。

倉山　ダメ、遅〜い。はすみさんも枝野立憲民主党の立役者です。私は枝野さんに立役者になってもらった人間ですから、保守の中で唯一の枝野受益者。これ、イヤミですが。

※注：馬場鍈一
一八七九〜一九三七。大蔵官僚、のち、政治家。広田内閣で大蔵大臣、第一次近衛内閣で内務大臣を務める。馬場が蔵相となる以前は高橋是清らが軍事費の抑制に努めていたが、馬場は大幅な財政膨張政策を取り、インフレのときにさらにインフレを煽《あお》る政策をとる。国債の乱発や増税で軍事費を増やし、国民に負担を強いた。

倉山注：詳細は『検証　財務省の近現代史』（光文社、二〇一二年）を参照。まったく目立たないが、いつのまにかこいつの吹く笛で、皆が破滅に向かってまっしぐらに踊り狂っている。

はすみ　もともとは前原が民進党から議員を取ってきて、希望の党に合流するという話でしたよね。それが、後に、全員を無条件に受け入れるわけではないと小池さんが言ったので、しょうがなく立ち上げたのが枝野さんの立憲民主党。

倉山　だから、別に筋を通したわけでもなんでもない。

はすみ　入れてもらえなかった連中の寄せ集め。

倉山　二〇一七年九月二十五日に希望の党が結成され、二十八日に民進党と合流するわけですが、希望の党に行けた組と入れてもらえなかった組、この三日間で天地の差でした。**保守の中には勘違いしている人が多いのですが「民進党で安保法制に反対していたヤツが希望の党に入党するにあたって政策協定で信念を曲げて恥ずかしくないのか」というのはトンチンカンな批判です。彼らは民進党にいたときこそ信念を曲げていたのです。**

そういう批判をする人たちは事情がわかってない。**民進党は従わない議員の選挙区に刺客を立てにくる**んです。二〇一六年七月の衆議院議員選挙では神奈川県選挙区から金子洋一さんが出馬していますが落選しました。民進党議員としては真山勇一が当選しています。真山の選挙目的は自分が当選するより金子さんを落とすことでした。誰も金子さんみたいになりたくないんですよ。

野田佳彦首相も民主党の滅び際に解散したあと、もはや民主党を勝たせることなどカケラも考えず、自分をいじめた奴らと相打ちになってでも刺客を立てる。そういうことばかりやっていたわけです。だから、民進党というのは社会党ほかいろいろな政党の悪いところを足したような政党です。**社会党というのは憲政史上最低の党を驀進《ばくしん》していたのですが、民進党が出現して、さらにその下ができました。**この構図を押さえておきましょう。

ところで、辻元清美が枝野さん共々、最近保守色を打ち出しています。

はすみ　保守色を？　そうなんですか？

倉山　共産党に組織をのっとられるのはヤダと。彼らもさすがに共産党の傀儡《かいらい》にはなりたくないと保守を打ち出している。

はすみ　辻元清美さんは、二〇〇二年に辻元清美秘書給与流用事件が発覚しました。辻元清美さんら社会民主党の議員が秘書給与をだまし取ったとして有罪判決を受けています。

倉山　そういう過去があります。

はすみ　そんな人が国会議員をやっているというのがそもそもおかしい。それが共産党に乗っ取られるのが嫌だから保守色を出している？　私からすると、どちらも一緒な気がしますけど、彼らの中には彼らなりの譲れないところがきっとあるのでしょうね。

倉山　やはり、主導権争いは大変なので。辻元清美さんは、あっちの世界では右翼権力主義者ですからね。「社民党を見捨てて権力に走った女」扱いです（笑）。

はすみ　確かに、おっしゃるとおりです。

倉山　前原派ですから。希望の党に入れるものとばかり思われていました。

はすみ　よくそんなふうに思えますよね。辻元さんを真っ先に外しますよ。

倉山　この人たち、思想で生きてないのです。自民党と一緒です。

はすみ　辻元さん、選挙になれば票を必ず持ってくる人ですからね。個人で無所属で出ても、必ず当選してくる。「私のバックについているこの票田が見えないの？」と。

倉山　保守がバカなのは、松浪健太という立派な議員が辻元清美の対抗馬として選挙区にいるのに「あいつは維新だ。保守じゃない」と辻元清美を勝たして松浪を落とすわけですよ。何も考えずに相手を見ずに維新叩きをする。「松浪健太は猪木と一緒に北朝鮮に行っただろう」などとネット情報を元に中傷する人もいますが、松浪さんは維新の党のときに杉田水脈さんと仲が良かったような保守の人ですよ。北に行ったことにも松浪さんなりのしっかりした考えがあるわけですが、それを探りもしない。

はすみ　北朝鮮に行ける機会があれば、私だって行きたいです。

倉山　岡田克也を代表とする**無所属の会**というものができましたが。

はすみ　無所属の会というのは希望にも行けず……。

倉山　**希望に入れてもらえないけれど枝野の下はヤダという人。**枝野、どれだけ嫌われているのか（笑）。

それを話す前に、民社党について話さなければなりません。

社会党から真っ先に出ていった真人間集団が民社党で、西村眞悟さんのお父さんの栄一さんや西尾末広《にしおすえひろ》さんなどがいました。**後の次世代の党になる人たちの源流**ですよ。共産党より左の人もいましたが。

はすみ　思想が両極端ですね。

倉山　その民社党は新進党をつくるときに解党しました。代わりに民社協会というグループができまして、以後、**新進党→民主党→民進党と党が解党・結党を繰り返しても、民社協会は不滅です。**常に一致団結して行動する。

先ほど、民進党に刺客を送られたと話した金子洋一さんも、お父さんの代から民社党ですしね。東京西部を選挙区とし防衛問題にも造詣が深い長島昭久さんも、彼が政治活動を始める頃にはすでに民社党はありませんでしたが、そういった流れの人です。

民社協会は連立政権の中でも最大の集団ですが、実は社会党系よりバラバラ。民社協会として固まれば最強なんですけどね。

民主党の成立当初も党内主流派の地位に常にいました。**民社というのは、何か起きたときには全員一致して行動します。ただし、自分から何かを起こしたことは一度もない。**

はすみ　統制がとれているところはすごいですけどね。

倉山　**常に主流派の補完勢力になる。民社の魂、どこへ行った？**　という話なのです。ところが**民社党解体から二十年目にして、はじめて集団の意志を示したのが、枝野対前原の対立のときに「枝野だけは嫌だ」。**

はすみ　やっと自我が目覚めた！

倉山　つまり、枝野はどれくらい嫌われているか。

はすみ　中学生の女の子が「お父さん臭い」とか「嫌い」とか言い出したような感じですかね。

倉山　もっといい喩《たと》えがありますよ。二十年間ＤＶに耐え続けた妻が、耐えきれなくて家出した。

はすみ　しっ！

倉山　枝野というのはあっちの世界でもそのくらい嫌われているのです。

はすみ　なんでそんなに嫌われているのですか。性格？　思想？

倉山　性格ですよ。詳しくはわかりませんが、各人の行動からすると、民社協会も「無所属の会」代表岡田克也も民進党の野田佳彦や安住淳もみんな枝野は嫌だと言っているようにしか見えない。

はすみ　その辺、当事者に話を聞いてみたいですね。まあ、この無所属の会というのはよくわからない。これこそ本当に寄せ集めですね。

倉山　民主党はまだマシだった、しかし、民進党は許せないと私は言っていますが、それは民主党には政権を取る意志があったからです。霞《かすみ》が関《せき》の官僚は自民党の麻生内閣あたりのひどさを知っているので、自民党を本気で潰さなければ日本が潰れると思っていた人が多かった。そんな若手を政治の世界に引っ張ってきたのが民主党でした。**民主党は、少なくとも社会党と違って政権を取る意志があったし、小沢一郎という、むしろ政権亡者みたいな人が合流してきたの**

で、若い人の面倒は見ていたのです。ところが、二〇一二年十二月、野田さんがわけがわからない時期にわけがわからないやり方、党利党略とまったく関係がない「ボクは小学校のときから通信簿でウソつきと書かれたことがないんだ」という壮絶な理由で解散をしてしまった。

はすみ　当の学校の先生もあきれたでしょうね。

倉山　そんな状態だから、民主党に入ったはいいけれど、一回だけ当選したものの、生活が大変だからと政治家をやめた人が多くいます。まともな人こそ政治の道をあきらめた。

逆に、自民党に安倍さんが出てきて改革を始めました。そうなると、もう民主党の出番はないのです。そして、**残った人の面倒を野田や岡田はいっさいみない。そこがヤツらの許せないところです。**まだ民主党のほうが民進党よりマシ。その意味で、一般的には「民主党政権は史上最低の内閣」などと言われていますが、民主党は「最低の政党」でもないし、「最低の内閣」でもありません。**あの民主党政権、鳩山・菅・野田の三代を全部足しても、鈴木善幸一人の悪政にかなわないですよ。**『自民党の正体』にも書きましたが、中韓両国が珍しく親日だったときに、よりによって歴史教科書問題を争点化し、今に至る禍根を残しました。「日米安保は軍事同盟ではない」などは失言にもほどがあります。

はすみ　そう言われれば確かに、ひどい政権でしたね。民主党政権のときは、ちょうど地震が来ちゃいましたからね。そういう面では気の毒と言えば気の毒でした。

倉山　**大地震に翻弄《ほんろう》された内閣で比較するなら、菅内閣より村山内閣のほうがひどかった**ですよ。

村山政権時代に阪神淡路大震災が起こりました。河野洋平（自民党・外務大臣・副総理）と村山富市（日本社会党・首相）と武村正義（新党さきがけ・大蔵大臣）が自社さ連立政権三党の党首・大臣で、社会党の村山さんが首相でした。地震が起きたときは、ちょうど社会党が分裂するかどうかの瀬戸際で、テレビを見ながら武村正義が「つぶれとる、つぶれとる、社会党みたいやな」と軽口をたたいていたというひどい人たちです。

東日本大震災のときは岩手・宮城・福島三県とも阪神淡路大震災の教訓で早々に自衛隊を呼んでいますが、阪神淡路大震災のときなど兵庫県知事は自衛隊をなかなか呼ばなかった。当時、県知事にしか自衛隊を呼ぶ権限はなかったのですが、耐えきれなくなった多くの市町村が直接自衛隊に派遣要請しました。それで、無理やり県知事からＯＫを引き出し、自衛隊が駆けつけたところ、真っ先に炊き出しに並んでいたのは自治労（本書第六章参照）。あればっかりは相当、穏健な自衛隊員も怒り狂っていましたね。

はすみ　そら怒るわ。

倉山　そんなこんなで立憲民主党は今、保守回帰しようとしています。

はすみ　でも、立憲民主党の保守回帰といってもたかが知れているのでは？

倉山　結局、保革一・五大政党制は変わりません。今、自民党と社会党ぐらいの議席差ですよね。

はすみ　逆に希望の党が最近、パヨっちゃってる。

倉山　いえいえ、もう求心力をなくして、いつ潰れるか、秒読みで。繰り返しますが、それは〝馬場鉄一〟の策略どおり。大半の保守は、〝馬場鉄一〟に踊らされたバカ。鬼畜米英と言ってソ連を喜ばせた能無しどもの劣化コピーです。

中村喜四郎～今こそ求められる男？～

倉山　その無所属の会に、なんと中村喜四郎《きしろう》先生がお入りになった！

はすみ　実は、私の地元なのです。毎回、選挙になると、中村喜四郎さんのポスターが貼られて、選挙カーが回ってきます。でも、私は毎回、自民党の永岡桂子《けいこ》さんに票を入れています。

倉山　あの気の弱い人ね。旦那さんの永岡洋治さんも国会議員でしたが、自殺してしまいました。

はすみ　ちょっと気の毒。亡くなった夫洋治さんの地盤を引き継いで妻の桂子さんが出馬しています。お子さんも育て上げていて。苦労なさっているというところにも共感を覚えるので、私は永岡さんを支持しているのですが、毎回、永岡さんは選挙区では通らなくて、比例で議員にしてもらうのです。無所属の喜四郎にどうしても勝てない。「喜四郎、いい加減、引退しろ」と思います。

倉山　当選十四回！　喜四郎、私は好きでしたよ。政治家らしい政治家です。良くも悪くも、悪くも悪くも。

はすみ　私も嫌いというわけではありませんが、「もういい加減にしてくれ」と。

倉山　国会議事堂内を進み歩く金丸信、右側には奥田敬和と中西啓介、左側には梶山静六と中村喜四郎。その五人が並んで登場すると、ヤクザの親分のお出ましにしか見えない。ちなみに、一九九二年に東京佐川急便から五億円の闇献金を受け取った疑惑で金丸信が辞任すると、竹下派会長をめぐる内紛が始まり、金丸の右腕と左腕が喧嘩を始めてしまいます。詳しくは拙書『自民党の正体』に書いてありますので、よかったらどうぞ。

はすみ　はい。でも、中村喜四郎のような図々しくて、ふてぶてしい人が茨城県民だと思ってほしくないのです。同じ茨城県民として一緒にされたくない。

倉山　日本人離れしていますよね。

はすみ　そうそう。これが茨城スタンダードだと思われたら、大変に困る。

倉山　中村喜四郎さんは一九九四年、ゼネコン汚職事件で逮捕されました。鹿島建設の依頼で公正取引委員会への口利きをした斡旋収賄罪《あっせんしゅうわい》容疑です。しかし、喜四郎は、そこで検察に対して完黙を貫いた！　検察の取り調べに対して徹頭徹尾、完全黙秘したのは過激派テロリストか中村喜四郎ぐらいだそうです。ちなみにゼネコン疑惑では小沢**一**郎、**三**塚博、中村喜**四**郎、梶山静**六**の名前が上がって、四人まとめて「**一三四六**」と言われていました。当時、橋本龍太郎が「なぜ喜四郎がアウトで一郎がセーフなんだ？」って、超キザに言っていて。全然深刻さが伝わってこない（笑）。

検察のほうも手をこまねいていたわけではなく、業を煮やして。

――以下、あまりにも話がエグいので九行削除――（倉山工房）

はすみ　じゃあ、イ・シネさん、李信恵《りのぶえ》さんを紹介して差し上げたらいい。またの名をリンダ様、パヨクの女王様とも。在日朝鮮人のライターで、差別や慰安婦に関する問題について執筆活動をしている人。私、鳩山由紀夫が土下座しているところに、李信恵が片足出して、お尻を突き出した感じのイラストを描いたことがあるんです。私、あの絵を描くのにわざわざ、彼女の出演しているＡＶを調べたのです。超ハイレグの衣装を本当に着ていました。「豊満なボディーをさらけ出す女王様が～」などと紹介してありますよ。私すっかり、彼女のファンになっちゃって。

倉山　あの人、ＡＶに出ているんですか？

はすみ　しっ、お美しい方です。

倉山　そういうのがたまらないというマニアもいる。

話を戻しますが、中村喜四郎とゼネコン汚職事件については『検証　検察庁の近現代史』（光文社、二〇一八年）も読んでいただきたく思います。

とにかく喜四郎さんはすごいですよ。後援会に「明日集まれ」の一言で、平日の昼間に千人集めますからね。

はすみ　どこの組長ですか。

倉山　中村喜四郎の後援会組織「喜友会」は確固とした地盤と強固な結束力を誇っていまして、たいしたものです。

はすみ　平日に千人集まる集客力はすごい！　しかも、今日の明日ですか。普通の国会議員、百人集められたらたいしたものなのでは？

倉山　そうです。それができるのは竹下登なきあと、中村喜四郎と同じく竹下派の保利耕輔《ほりこうすけ》だけではないかと言われていましたが、保利さんは二〇一四年に引退してしまいました。鉄の規律。中村さんは逮捕されなかったら、総理大臣ですよ。

はすみ　それはそれで惜しいなと。ああ言っておいてなんですけど、応援したくなる気持ちも出てきました。

倉山　出所してきてもやっぱり当選というすごい人です。

はすみ　選挙の力学ってすごい。絶対にこの人はふさわしい、国のためにがんばってくれるという人はなかなか当選できなかったりするのに。

倉山　**憲法改正したければ、中村喜四郎みたいな人を味方につけなければいけないんですよ。**今、安倍さんは憲法改正をしようとしているようですが、総裁派閥の細田博之さんに話を通しているのは当たり前。でも、竹下亘とか、ああいう実力者が賛成してくれないとモノゴトは動かないわけです。身内で憲法に興味がありそうな人を真っ先に味方につけてもダメなのです。どうせ一家言あって揉《も》めるに決まっているし、自民党の改憲案などロクなものにならないに決まっているんだから。どうせ駄作なら竹下亘さんが納得しそうな話で、自民党内をまとめてから公明党へ持っていくべき。

中村喜四郎が自民党で幹事長だったら、憲法、三カ所ぐらい変わっているんじゃないですか。喜四郎、惜しいなあ。

わかった！ **安倍さん、憲法を改正したかったら、喜四郎を呼び戻して、自民党の幹事長にしましょう。** 大臣にはできないけど、党三役ならいいでしょう。

はすみ　まあ、問題ないでしょう。

倉山　一九七六年に全日空から賄賂をもらったとして逮捕、収賄罪で有罪判決を受けている佐藤孝行さんも大臣はダメでしたけど、総務会長ならＯＫでしたから。自民党には、そういう人は大臣にしてはいけないというよくわからない不文律があるんですよね。でも党の役職はＯＫ。三役とか、たいていの大臣より権力あるのに、構わない。それが自民党の「やさしさと思いやりの政党」たるゆえん。

はすみ　「やさしさと思いやりの政党」なんだ（笑）。辻元清美さんは秘書給与を詐取したからダメと言ったのに、中村喜四郎の幹事長はＯＫ？

倉山　ダメと言ったのは、はすみさん。

はすみ　そうでした（笑）。

倉山　喜四郎さんの場合、刑期を終えていますからね。

はすみ　清美さんも刑期を終えています。

倉山　あちらは、能力の問題があるからダメなのです。ああ、中村喜四郎、惜しい男をなくした。

はすみ　いやいや、まだ生きています。

倉山　もう中村喜四郎を自民党幹事長にして憲法改正。我ながら、いいことを思いついた。二階に対抗できる男。

はすみ　それはおっしゃるとおりだと思います。

倉山　年は二階さんのほうが上ですけど、喜四郎さんはムショ暮らしですからね。箔《はく》が付いています。

ちなみに、鈴木宗男と鳩山邦夫と三人で、竹下派三羽烏《さんばがらす》と言われていた。

はすみ　三羽烏とか、まとめるの好きですね。

倉山　その中村喜四郎が、気がついたら岡田克也の無所属の会にいるとはどういうことやねん？

自民党左派①二階俊博～北京から送り込まれた親中派～

倉山　二階の名前が出てきたついでに自民党左派について話しましょう。二階俊博《にかいとしひろ》。これは**野中広務《のなかひろむ》や古賀誠ら親中派が小泉純一郎に負けっぱなしだったので、北京**

が小泉親米派政権についていく親中派として送り込んだ人物です。二階俊博・茂木敏充・片山さつきの支持を得れば、総裁選で絶対に勝てると言われていた。安倍・福田に二連敗した麻生陣営は、その後、二階さんが寄ってきたので「今度は勝てるぞ！」と湧き上がった。**常に勝ち馬に乗る男。**

はすみ　二階さん自身が勝たせるだけの力があるのか、それとも、勝つ流れに必ず二階さんが乗っているのか、どちらですか。

倉山　小泉のときはただ流れに乗っただけ。そうやって力を蓄えた。この人は派閥再生能力がすごいのです。議員全員が落選しても派閥は復活しました。

はすみ　それで今、二階派ですか。すごいですね。

倉山　**プロの政治家です。とはいえ、二階さんがとりわけ優れているわけではなくて、他がダメ過ぎるんですけどね。**

はすみ　私の知り合いが二階さんと二回（ギャグじゃないですよ）ほどお会いしたことがあります。とにかく偉そうだと言っていました。ザ・政治家。ふんぞり返って「おっ、君かね」と。一方、よく近所にいる世話好きのおっさん的なところもあるらしいんですよ。親中派とか、朝鮮にズブズブとか言われていますが。実際にズブズブなのかもしれませんけど。

その知り合いの受けた印象ですが、おそらく本人は本当に全部、よかれと思っているのではないか。日本的な「話し合えばわかる」の精神で、親切にしてあげたら、向こうも親切でお返ししてくれるだろうと思っているフシがある。日本の古き良きおっさん。

倉山　まあ、本当にそれだけだったら江沢民《こうたくみん》の銅像を和歌山に建てませんよ。コイツはモノホン、確信犯ですよ。いかにも何も考えていない利権屋の体を装っているだけで、わかってやっていますよ。そう思わせているだけで。二階なんて絶対に心を許しちゃいけませんよ。

はすみ　私は心なんか許しませんよ。さっきのは知り合いの話の伝聞形として聞いてください。

倉山　二階は金丸信のような愛国者とは違いますよ。金丸は中曽根内閣の幹事長のときは、まだ外国に買収されていません。北朝鮮に行ってからおかしくなりましたけどね。それまでは純粋に利権屋です。親中派田中角栄に対して敢然と戦いを挑んで勝った人です。

最近、私が注目している人がいます。たぶん、この人が勝ちきったら一押し政治家です。それは額賀《ぬかが》派でクーデターを起こしている吉田博美《よしだひろみ》。額賀派五十五人中参議院議員二十一人全員を引き連れて、額賀派本流とまったく同時刻に、派閥会合を開くと。いまどき、そんな一糸乱れぬ派閥活動ができる人がいたというのがうれしくなっちゃって。これで裏に青木幹雄がいなかったら、そっちのほうがニュースでしょう。と思っていたら、案の定、出てきた。

青木幹雄先生も真の愛国者ですから、私は大好きでした。小泉純一郎をかついで野中広務を殺戮した。そして、自分は表向き、利権屋としか振る舞わなかった。

それはさておき、額賀派クーデターの最中、吉田博美仕切りの派閥会合には、参加者二十一人分のうな重が用意されていた。

はすみ　ええ〜っ。すごい仕切り力ですね。

倉山　今時、ないですよ。それとまったく対照的な話が、鳩山由紀夫民主党と小沢一郎自由党が合併するときのエピソード。話がまとまって、小沢一郎が秘書の樋高剛に「樋高、寿司でも買ってきてくれ」と頼んだら、行きつけの店が閉まっていたので、コンビニで寿司を買ってきた。

はすみ　ええええええ〜っ、ウソ〜。それ大丈夫なんですか。

倉山　ダメに決まってるでしょ。だからロクな結末にならない。

田中派伝統はそういう仕切りをしっかりしなくちゃいけない。そういうことをちゃんと取材している産経新聞は偉い！

はすみ　(笑)そこは取材しているのですね。

倉山　額賀派担当はきちんとしているのでしょう。◯◯◯◯のようないい加減な男とは違う。

吉田博美がんばれ。

二階さんは、仕切り力という意味では普通です。石破茂《いしばしげる》さんも同様です。

はすみ　石破さん、選挙区では圧倒的なようですけどね。

倉山　ただそれだけ。スケジューリングもうまくできない。盆踊りの時期に研修会や派閥の会合を開いても人は集まりません。事務処理能力が低く、一事が万事その調子。

竹下さんなど、内閣を作ったときに、自分は二年か四年でやめて安倍晋太郎に譲るつもりだったから、その四年間の閣僚名簿が全部、頭にあったといいます。竹下登はそういう意味では有能でした。逆に、そういうことばっかりやっていました。自民党国対政治の粋がここにあります。

竹下さんの時代は、誰かが合図したら、野党が突進して、自民党は守りに入る。委員長がマイクの前で原稿を読む。野党が原稿を奪う。そこも計算してあって、委員長はあらかじめ内容を暗記していて、原稿を奪われてもセリフが言える。

はすみ　あれすごいですよね。

倉山　当時は、そういうシナリオができていた。壇上に登るヤツがいて、それを抑えるヤツがいる。その役回りから角度まで、全部、決めていた。

はすみ　劇団国会ですね。

倉山　そう。この前はお前が目立っていたから、今回は押さえる役ねとか。

はすみ　持ち回りですね。完全に学芸会。この間、れいこちゃんがシンデレラやったから、今度は私にやらせて。

倉山　そうそう。まさにそれ！　竹下さん、その全部の貸し借り関係が頭に入っていて、今回はお前はこれ、お前はこれ、お前はこれと。

はすみ　監督ですか。プロデューサー？　演出家かな。

倉山　カメラの映り位置まで決めている。「お前、こっちから来い」と（笑）。

はすみ　上手《かみて》から出て、下手《しもて》に流れる。

倉山　それで台本を守らないヤツは外す。守ればちゃんと出世させてくれるので、今、自民党がサラリーマンの集まりになってしまった。

はすみ　なるほどね。思わず感動してしまったけれど、実は罪深い。

倉山　小選挙区制のせいではないのです。竹下さんの時代に悪い意味でのサラリーマン体質の党になっちゃった。みんな竹下さんの言うとおりやっていればよかったから。台本が完璧《かんぺき》だったわけです。

こんな話もあります。解散するのかどうかと国会が紛糾していたとき、移動中の金丸信さんが紙をポロッと落とす。金丸はホゲホゲホゲ〜として、それに気づかずに去っていく。金丸が落とした紙を野党議員が拾うと、解散日程が書いてあって、「ああっ！」と驚く。

そういう八百長プレーがあるわけです。

はすみ　実はわざとだったたと。なんなんですか、その演出！

倉山　票田のトラクターと呼ばれた金丸信。与党幹部と野党幹部で麻雀をしたときのことです。

秘書　（目配せ）「いい牌《パイ》が回ってきました」

金丸　（目配せ）「それ捨てろ！」

そうやって野党の幹部を大勝ちさせて、金丸信が一人負け。秘書は少しだけ勝つ。そういうパターンもありました。昔は芸達者が多かった。ハマコーみたいにコーラの瓶を投げるヤツがいたら、破片が飛び散る方向まで計算する。

そういう昔を「腐敗した自民党政治」と言っていたんですよ。それを今は懐かしがらなきゃいけない。今の自民党は石破さんをはじめ、それすらできない人たちの集まりです。

はすみ もう芸能の域ですね。そういう伝統芸がなくなっちゃったんだ。

倉山 しかし、吉田博美さんを見て、それができる人が久しぶりに出たかなと。『自民党の正体』でも「**古き良きデタラメな自民党政治、万歳！**」と書いた私です。

自民党左派②岸田文雄～官僚のパペット～

倉山 岸田さんは、官僚の書いた作文しか読まない男です。

はすみ 無能ですね。

倉山 本当に、自分がない。

はすみ 安倍総理のパペット、操り人形と仲間内では言っています。この人、外務大臣だったでしょ。今の河野太郎さんは一応、きちんと自分の言葉で自分の考えも混じった答弁をしますし、海外に行って要人と会うなど重要な仕事もこなしています。でも、この岸田さんが外務大臣だったときは総理が主に外交をやっていて、岸田さんはそのメッセンジャーボーイみたいな役割しかありませんでした。

倉山　それを言うなら、安倍さん自体がトランプ内閣の外務大臣みたいなものです。安倍さんは、これが一番、傷つくんじゃないでしょうか。で、**岸田さんですが、あの人は外務省のパペット**であって、安倍さんのパペットじゃないですよ。

はすみ　おやおや。

倉山　安倍さんのパペットは河野太郎。岸田さんは外務官僚の上に乗っかっているから困る。最初から、小野寺《おのでら》防衛・河野外務で固めておけばよかったのに。財務大臣なんて〇〇〇〇でいいですよ（笑）。小野寺五典《いつのり》さんは岸田内閣ができたら官房長官という評判ですが、ああいう謙虚で仕事のできる人が残っているのが、自民党の救いですね。

岸田さんは何も考えてないクセに「丁寧さ、謙虚さといえば我々宏池会《こうちかい》だ」などと軽々しく言う。池田勇人に謝れ！

はすみ　なんでこの人が第二〜三次安倍内閣で四年半も外務大臣をやり続けていたのかがわからない。

倉山　ほかに人がいないんですよ。一応、あの人、第三派閥の領袖《りょうしゅう》を長くしていますしね。第二派閥の領袖が財務大臣で、第三派閥の岸田さんが外務大臣、第四派閥の二階さんが幹事長という、バッチリ自民党派閥政治なわけです。麻生派が他派閥を吸収して今は第二派閥ですが。

ちなみに安倍さんは第一派閥の細田派が母体。この人は自民党の派閥力学を考えると、非常にわかりやすい。そして、**財務省や外務省の官僚の言うとおりに行動する無能者**です。

はすみ　岸田さんはダメだ。

倉山　悪さはしないだろうけど、日本を良くする気のカケラもない。

はすみ　要は、**毒にも薬にもならない**と。

倉山　**安倍・岸田は、悪くしない人、麻生・二階・石破は悪くする人**（笑）。

岸田の経済政策はおかしいけれど、でも、安倍さんが増税してしまったらそれも変わらないなあ。日銀人事も勝ち切れなかった。みんな、安倍さんを保守の首相だと思うから勘違いするんですよ。

安倍さんは中曽根康弘《なかそねやすひろ》の劣化コピー。すべての分野においてそうです。経済にしても景気回復だけが唯一の自慢ですが、中曽根さんのときはバブル景気です。安倍さんは中曽根さんに何一つ勝っていません。任期だけ長い。中曽根より長くやっているのに、中曽根ほどの実績もないってどういうこと？　それでも岸田さんよりはマシ。

岸田さんは官僚の言うことを聞くのが勉強だと思っている。

それで、自民党政治家がどれくらいお勉強ができないかというと、朝八時からとか、下手すりゃ七時からとか平気で勉強しているのです。

はすみ　していますね。部会とか。

倉山　でも、官僚から情報をもらっているだけです。それ、政治家として終わっている。

はすみ　官僚が持ってくる情報自体が古いものだからですか。

倉山　新しいのですが、ポジショントークから離れられない。本来は官僚に会う前に自分の頭を作るのが勉強のはずなのに、**官僚機構自体をシンクタンクにしてしまっているので、官僚が間違えたときに打つ手がない。**だから、内閣法制局の解釈に従った憲法改正のような、やらないほうがマシみたいな憲法論議を始めるわけですよ。

官僚機構とまともに戦えるのは、今や、公明党だけです。現在の公明党には政権与党の風格がありますよ。

はすみ　ふふふ。おっしゃるとおり。それは否定しません。

倉山　自民党では高村正彦《こうむらまさひこ》さんが引退したのに副総裁を続けていたりしますが、ほかに人がいないからです。確かに高村さんは余人をもって代えがたいですが。

自民党は勉強時間だけ長くて成績が上がらない受験生のような頭の悪い人々の集まりです。それでも、**なぜ民主党が無能で自民党が有能に見えるかというと、民主党は官僚の言うことを信じないからです。**官僚叩きで始まっている党なので、自分でなんでもかんでもやってしまうのです。大臣がパワポで資料を作るような、タワケたことをやってしまう。ただ、官僚の言いなりになってはいけないという気骨はある。それに対して自民党というのは、官僚の言いなりになることが大人の政治家だと勘違いしている。だから、自民党は一見マズくはないのですが、本当に危機のときに危ないのもまた自民党です。

民主党の欠点はわかりやすいから国民が目覚めます。民主党最大の罪は自民党のほうがマシだと思わせてしまったこと。自民党議員なんて、実際のところ、あまりにも頭が悪くて会話したくないほどですよ。まだ民主党や民進党、希望の党の議員のほうがマシです。自民党の議員には、こう言っては申し訳ないけれど、吐き気がします。同じ空気を吸いたくない。昔の自民党はそうじゃなかったですよ。その辺は、すでに何度も紹介していますが『自民党の正体』を読んでおいてください。

はすみ はい、わかりました！

自民党左派③河野洋平～汚点は河野談話だけじゃない～

倉山 河野太郎の父親、河野洋平はパヨクですよ。もう引退しましたが。

はすみ かの有名な河野談話を出した人ですね。**あの河野談話自体は、誤解を招く表現はありますけれど、決定的に「日本が悪いことをした」とは、実は、書いてないんですよ。何が問題だったかというと、河野洋平さんが談話に関する記者会見のときに、「つまり、強制連行はあったんですか？」という主旨の質問に「はい、ありました」と勝手に答えてしまったことです。**それが独り歩きしてしまって、今に至っているのです。だから、私は河野洋平は絶対に許せないんですよ。

倉山　記者会見で官房長官が答弁した内容は有権解釈になってしまいます。しかも、それは事実上の国際公約。つまり、国際法化してしまうので、日本の一方的都合で破棄できないのです。**私も河野洋平が許せないと思う一事があります。それは、新自由クラブを結成して三木おろしを行ったことです。**三木武夫はちゃらんぽらんな人だったのですが、三木以後の福田赳夫《ふくだたけお》から森喜朗《もりよしろう》まで、全員親中派です。首相本人が親米だろうがなんだろうが、事実上、田中角栄ついで竹下登の天下なので、中国のコントロール下に置かれる内閣が続きました。最後の親米派内閣が実は三木だったのです。三木はいい加減な人間ですが親中派の天下になるよりはマシでした。

それをぶっ潰した尖兵《せんぺい》が河野洋平です。新自由クラブをつくって自民党から出ていき、一七議席を取ったのですが、その結果、三木武夫は二七〇議席取らなければならないときに、二四九議席、追加公認を入れて二六〇議席しか取れませんでした。つまり、河野洋平が出ていかなければ三木は退陣しなくてもよかったのです。だから、三木おろしで決定的な役割を演じたのは河野洋平です。つまり、親中派政権をつくったのが河野洋平。

はすみ　それじゃあ、**パヨク中のパヨク**じゃないですか。

倉山　**河野洋平が自民党を出ていって新自由クラブをつくったことによって、三木おろしができてしまった**のです。三木武夫については、著者名は忘れましたが『政争家・三木武夫』（講談社、二〇一六年）といういい本があるので、読んでおいてください。

はすみ　うーん、誰が著者だっただろう……。確か、く……。それにしても、三木おろしは河野洋平がキーマンだったなんて指摘は、聞いたことがありませんね。

倉山　はい。ですから、ここで強調しておきたいと思います。その意味では小泉純一郎などは親米ですから、歴代親中派総理よりは、ずっとマシなのです。

はすみ　私も他よりいいかなと思います。

倉山　「小泉は新自由主義者だ～」と小泉叩きをした連中は中国の悪口を言いません。

はすみ　小泉さんはパヨクじゃないですからね。

倉山　アメポチではあってもパヨクではない。

はすみ　ここ重要。

希望の党～空中分解は誰のせい？～

倉山　さて、希望の党。私たちが対談している今現在二〇一八年二月ですが、本書が出版される春頃までには、ありますかね。

はすみ　こんなことになるなんて。今、代表が玉木雄一郎さんでしたっけ。モリカケ発起人みたいな人。

倉山　そうです。元財務省。

はすみ　最近、立憲民主党よりも希望の党のほうが、パヨク政党になってきていませんか。

倉山　どうなんでしょうね。かつて次世代の党にいた松沢成文《まつざわしげふみ》さんが離党するらしいですね。

はすみ　希望の党の柚木道義《ゆのきみちよし》さん、ひょろっとして少しナルシストっぽい男の人ですが、その柚木議員が、伊藤詩織さんを国会の一般傍聴席にわざわざ呼んで、自分の質疑のときに使っていました。「総理の力でレイプをもみ消した事件があります。これは日本の社会問題です。被害者もここの会場に来ています」と決めつけるように言うのです。そのニュースを聞いて、最初、私はそんなことをやるのは民進党あたりかなと思ったのですが、希望の党の議員だったので、いよいよ希望の党も終わりだなと。

倉山　何を言っているんですか。官房機密費をもらってやっているに決まっているじゃないですか。そしたら、自民党が安泰になるでしょ（笑）。わかってないなあ。

はすみ　いやいや。でも、予算委員会ですよ。予算の使い道を考えるところ！

倉山　**予算委員会で予算の話なんかしたことないですよ**（笑）。予算は財務省主計局に国会議員がお願いして決める。予算委員会というのは予算を承認する場なの。だから、予算の話なんかしたことない。

はすみ　でも、レイプしたとかしないとか、個人の問題を持ってくる場所でもないでしょう。そういうふまじめなことをやっている時点でもうダメですよ。

倉山　それで安倍さんが「山口なんて番記者だったということ以外、オレは知らない」とかいう答弁を引き出す。

はすみ　言った。

倉山　昔だったら、金丸あたりがシナリオを書いていた。自民党の国対委員長の役目ですよ。演出・主演：金丸信。脚本・プロデューサー：竹下登みたいなね。そういう時代だった。私の目から見れば、「そういうのやれよ」ですよ。

はすみ　なるほどね。

倉山　そうやって野党が堕落すればするほど、自民党は安泰です。もっと裏読まないと。それをやらしたの、間違いなく安倍さん。

はすみ　でもねえ。**私は国民の税金を使って予算委員会を開いてつまらないことをやってほしくない。こんなことをしていたら野党は終わりですよ。野党にがんばってほしいという気持ちが少しはあるのです。**

倉山　野党、特に希望の党は安倍内閣を安泰にさせたいんじゃないんですか。

はすみ　私もこれだけ安倍ちゃん大好きと言ったりしていますけど、そろそろ安倍さんやめたほうがいいんじゃないのと思っているのです。

倉山　いいえ、日銀人事を乗り切るまでやめられちゃ困る。

はすみ　今すぐじゃないですよ。ただ、在任期間が長過ぎるから。長くやると良くも悪くも癒着体質になりがちじゃないですか。

倉山　じゃあ、もう中村喜四郎で。中村喜四郎幹事長、二階俊博政調会長、竹下亘総務会長……三役全員旧竹下派。これなら一発で内閣が飛びますよ。憲法改正をやって玉砕。でも、その三人だったら、なんだかできそうな気がする。

はすみ　その後、また安倍さんが返り咲いてもいいし。一回、ここで小休止。切って一回換気しないと腐ってきそう。

倉山　とっくに腐っているから心配しなくても大丈夫です。安倍さんは自民党を出なかった時点で、もうそれは仕方ないことです。自民党なんて下には社会党しかいないぐらいのダメ政党。常に下から二番目ですからね。

希望の党に話を戻しましょうか。

はすみ　選挙中に空中分解していたので、もうダメかも。

倉山　**保守がみんなで小池批判をして、事実上、枝野さんを応援したわけですから仕方がないですよね。一回でも小池さんを批判した人は立憲民主党を叩いちゃダメですよ。**

はすみ　あ、ごめんなさ〜い。

倉山　**確かに、小池百合子なんていくらでも叩けますよ。目立ちたがり屋で、地道なこと大嫌いで、勝負勘がない。とても総理大臣など任せられる人間じゃないということはわかっているけれど、それでも枝野よりはマシなわけです。**

はすみ　小池がマシ？　枝野くん、クマさんみたいで、かわいいですけどね。クマというよりブタさんかな。抱っこしてそのまま寝たいぐらい大好き！　ウソで～す。

倉山　**保革と保保とどっちがいいのか**ということですよ。保保つまり二大保守政党があれば日本国という価値観を否定しないことが建前になります。**せめて戦前の政友会・民政党時代程度には価値観の共有ができる国に戻ってくれと言いたい。そうなったら、自民党にしても、少しはマシだったときの自民党に戻れる可能性があった。**いかに小池百合子がひどくても価値観のぶっ飛んだ連中よりはマシ。枝野の立憲民主党が第二党になったということは、社会党や民進党があまりにもグダグダだから自民党しかないという過去・現在の状態を未来永劫《えいごう》続けるということ。自民党が永久に堕落するということなのです。何度も言いますが、立憲民主党なんて一回でも小池叩きやった人は叩いちゃダメですよ。保守も含めたみんなが望んだことじゃないですか。

はすみ　恥ずかしながら、私は希望の党が結成されたときに、何を余計なのつくっているんだと思ったんですよ。

倉山　でもね、小池百合子が鳩山一郎みたいな人だったら、安倍内閣が吹っ飛んでいましたよ。鳩山一郎というのは首相を三日やったら死んでもいいと言って、実践した人なのです。

はすみ　最初、小池の党……じゃなくて希望の党。つい間違えちゃう。

倉山　はい、小池ファースト！

はすみ　最初は希望の党がなくて、与党は、パヨクっぽい民進党・共産党・社民党などだけ相手に選挙をする構図でした。それでいいと私は思っていたんですよね。

倉山　そうかなあ。

はすみ　そこに小池の党、じゃない希望の党。また、間違えた、とか余計なのができて、わけがわかんなくなってしまった。

倉山　**まともな日本人は自民党にしか票を入れられないというのは不幸だと思いますよ。**

はすみ　私も不幸だと思う。

倉山　せめて小池が立ってくれたほうがよかったですよ。

はすみ　でも、あれで日本のこころもバラバラになっちゃって。

倉山　大丈夫です。日本のこころはとっくにその前から崩壊していました。一応、私もまだ自主憲法起草委員会顧問という肩書があるらしいんですけどね。

希望の党はしかたないですよ。小池百合子の悪口なんて、百も二百も言えますけど。いや、ちょっとサバ読み過ぎました。実際は五つか十です。あのおばちゃんのことは、あまり知らない。中身がないので。

共産党～敵ながらあっぱれ、国家を語れる正直者～

倉山　共産党は今、ちょっと元気ですよ。

はすみ　若返りに熱心。

倉山　表《おもて》の議席は減りましたが、立憲民主党が伸びてくれた。

はすみ　そうですよね。

倉山　そう。**政党というのは議員の議席ではなくて組織を見なければなりません。だから、自民党には創価学会がついてくれた。立憲民主党には共産党がついてくれた。希望の党は連合がついてくれなかったから負けた**（笑）。

はすみ　連合が中途半端でしたね。

倉山　やっぱり民進党と希望の党が合流するときの謎の三日間で、形勢が変わりましたね。**「政界の一寸先は闇」**というのが、小池百合子ほどふさわしい人はいないですね。誰の言葉か知っていますか？

はすみ　いいえ。昔からの言い回しじゃないんですか。

倉山　第二代自民党副総裁・川島正次郎《しょうじろう》の言葉です。小池騒動で川島正次郎の名前が去年、久しぶりに脚光を浴びました。「政界の一寸先は闇」ってね。

はすみ　その人の言葉なんですか。へえ〜。

倉山　名言です。寝返り正次郎って有名なのです。川島がついたほうが勝つ。昭和三十五年自民党総裁選では、昨日まで大野伴睦《おおのばんぼく》陣営にいたのに、気がついたら池田勇人についていたとか。常にあざやかな裏切りをするので有名だったのが川島正次郎。川島がポケットに両手をつっこんで口笛を吹きながら国会を歩いていたら政界大乱の予兆と言われていた。

はすみ　映画のプロローグみたい。

倉山　しかも、歌舞伎役者みたいな顔をしているんです。

はすみ　キャラ立ちがすごい！

倉山　川島正次郎には他にも「江戸前フーシェ」という異名もありました。千葉県出身のくせに。フーシェとはジョセフ・フーシェ。フランスの警察機構を組織しました。フランス革命、ナポレオン時代、復古王政という激動の時代を渡り歩いた謀略家です。さすがに川島をフーシェとは褒め過ぎ。

さて、元気に組織を乗っ取っている共産党に話を戻すと、共産党は基本的にフロントです。あくまで囮《おとり》。戦前も日本共産党を組織上壊滅させて「勝った勝った」と保守陣営が沸き上がっていたら、近衛内閣に入り込まれた。それで、負けるまで戦う戦争をやらされたという歴史があります。

はすみ　日本の共産党については褒めたいところが一つだけあります。**日本共産党は世界の共産**

党に比べて正直者で、自分たちは「共産党ですよ」と名乗っている。よその国では「共産党」と公言しないで、ほかの政党に入り込んだり、違う名前で活動していたり、隠れて見えにくいのです。「日本共産党」と看板掲げたビルが堂々と建っているのは日本ぐらいですよ。

倉山　とうとうフランス共産党も党名変更するらしいですしね。

はすみ　外国人は日本に来て、日本共産党のビルの前を通るとびっくりするらしいですよ。

倉山　恥ずかしくないのかと。

はすみ　いわば「アルカイダ本部」みたいなものです。

倉山　そうそう。感覚的にはそういう感じですよね。

はすみ　あるいは「イスラム国日本支部」と看板に書いてビルにドーン！　そこに、みんなが自由に出入りしている。日本にしかない光景なのでしょうね。共産党と名乗って堂々と活動する。

倉山　**日本共産党というのは元々コミンテルン日本支部**だったという基礎知識は押さえておきましょう。

はすみ　はい。

倉山　ちなみに、共産党の議員と話していたら、「ソ連は我々を見捨てたから許せない！」

はすみ　ソ連に見捨てられたんだ！

倉山　「ＧＨＱも我々を見捨てたから許さない！」

はすみ　中国共産党は？

倉山　中国共産党とは仲直りしました。謝ってきたから許した。

はすみ　ＤＶの男みたい。殴っておいて「あんときはごめんよ。お前だけだよ」とか言う男。

倉山　まさにそれ。

私も共産党を褒めたいことがあります。赤旗の記者と懇親会で同じ席になって、いろいろ話したことがあるのですが、二時間共産党の議員をなぶりものにするというシンポジウムの後だったので、その記者はものすごく不機嫌でした。推測ですが低収入の三十代後半男性だったのです。まさにプロレタリアートの世界。私はその記者にこう言ってやりました。「共産党との約束は百回のうち九十九回、成立しないけど、一回した約束は絶対守るよな。それだけは褒めてやる」と。すると、彼はニヤッと笑いましたけどね。

地方議会に行くと、共産党としか天下国家を語れないという保守の議員がたくさんいますからね。

はすみ　共産党ってまじめなんですよね。

倉山　**共産党は打倒する対象とはいえ、国家を語れるんです。**

はすみ　**政治について、ちゃんと考えている。そういう意味では民主党や民進党や立憲民主党などよりよっぽどマシ。**この人たちは議員歳費もらうために議員をやっているような連中ですからね。

この第三章では日本の政治の流れを見てきました。次章は国際関係についてです。しかし、ここで扱うのは外国との関係そのものではなく、日本国内で外国と関わりを持つパヨク機関外務省、そして、パヨク活動家が利用する国連の問題です。

第四章

国際

「〝私《わたし》〟が輝《かがや》ける世《よ》の中《なか》に…」
それが日本《にほん》のフェミニズム

外務省～アメリカンスクールも親中派～

はすみ　日本は外国と歴史問題を抱えています。といっても中韓の二国が勝手に騒いでいるだけなのですが。その歴史問題については第三章の河野洋平の項で少し触れましたけど、「南京大《ナンキンだい》虐殺《ぎゃくさつ》」や「従軍慰安婦」について騒ぎはじめたのはマスコミかもしれませんが、この問題で日本が国際的に押されっぱなしであることの原因には外務省の対応のまずさがあると思います。この本でもパヨク外務省を外すわけにはいきませんね。

倉山　そうですね。ところで、**外務省というのは不思議な役所で、外務事務次官が一番偉いわけではない**のです。

はすみ　えっ、違うんですか？

倉山　最近は斎木《さいき》昭隆《あきたか》さんなど実力派が事務次官についたりしてますが、外務省で、**戦前はもちろん戦後しばらく一番格上だったのは駐英大使**です。

はすみ　そうなんだ。

倉山　だからイギリス大使館は皇居に一番近いところにあります。外交はイギリスだというのが明治以来の伝統で、戦後もしばらくはそうなのです。しかし、イギリスの世界政治における影響力がどんどん下がっていき、また、日本とイギリスのもめごとが少なくなったので、イギリスはあまり重要視されなくなりました。そして、アメリカ大使が一番格上になるのです。外務事務次官や国連大使がそれに続きます。

　そして、**財務省などほかの役所は、富士山型で頂点はひとつなのですが、外務省は八ヶ岳連峰。つまり、いくつもの頂点があります。**語学ごとのスクールに分かれていて、戦前の最高峰はヨーロピアンスクール。そのヨーロピアンの中にもイギリス、フランス、ドイツなどそれぞれのスクールがある。そして、「米語しかできないくせに」と嘲笑《ちょうしょう》されながら、アメリカンが最も威張っています。

　しかし、田中角栄が首相となって北京政府を承認し、日中国交正常化してから、チャイナスクールとコリアスクールが

そこに加わる。今でもアメリカンスクールが一番上ですが、徐々にチャイナが伸びてきています。

とはいえ、まだまだアメリカンの連中が、幅を利かせて、威張りちらしています。しかも、彼らは共和党左派や民主党右派に近い連中なのです。だからトランプが大嫌い。「共和党右派よりも右」のようなトランプは許せない。彼らから見たら、ハマコーか次世代の党が政権を取ったぐらいの感覚です（笑）。

はすみ　それは、許せないでしょうね。

倉山　外務省アメリカンスクールにとってトランプはそれぐらいとんでもない存在なのです。そして、**日本の「アメリカ通」は、実は、アメリカ国内の親中派と仲がいいのです。**

はすみ　アメリカ国内の親中派と仲がいい!?

倉山　だから、自称「アメリカ通」が親中派と同じになってしまう。

チャイナスクールをプロチャイナとも言いますが、彼らは外務省の主流ではありません。アメリカ大使になるコースに乗っている人々の中の親中派が主流です。彼らは親中派であることを否定するかもしれませんが、我々の目にはどう見ても親中派のように見える人々です。

はすみ　外務省の、チャイナスクールとコリアスクールは完全にパヨク、中国の手先になってしまったのかな。

倉山　拠点ですよね。

はすみ　でも、**外務省の個々の職員を見ていると、イデオロギーなど関係なしのノンポリという印象を受けます。**あまりよくわかってなくて、ただ単に仕事をこなしているという人たちがほとんどなのではないかと思うのです。

外務省は各国に大使館や領事館などの機関を置いていますが、例えば、アメリカカリフォルニア州のサンフランシスコやグレンデールでの慰安婦像建設問題など、海外で歴史認識に関して、何かトラブルがあったときに、現地在住の日本人が助けを求めたり、逆に国内の活動家が現地に飛んでアドバイスを受けようとしても、普段から慰安婦問題などに対してアンテナが立っていないので、職員の反応が芳《かんば》しくないようです。彼らは現地の人と楽しくワインを飲むことが仕事だと思っているところがあります。国益については、何も考えていないんですよ。イデオロギーに染まっているわけではなくて、無知なのだと思います。

日本では「ロビー活動」というと悪い印象があるのですが、海外ではロビー活動は正当な営みです。中国やアメリカ、またアメリカに住む中国人団体などは積極的にロビー活動をしかけてきます。そのロビー活動の手段には「女性」や「お金」も含まれます。一方、日本側はロビー活動をほとんどしていません。大使館・領事館はチャイナ側のロビー活動を一方的に受けるので、どうしてもそっち側に見方が寄っていってしまう。

倉山　予算もないですしね。

はすみ　そこに予算をつけるぐらいじゃないとダメだと私は思います。政府がやるロビー活動。

倉山　人がいないですしね。

はすみ　あるいは、こっそり民間に、うま～くロンダリングして、お金を回してもらって、民間のほうからロビー活動してもらう。

倉山　機密費上納とか。

はすみ　機密費なんか「オレたちはもらってないぞ」という話ですよ。

倉山　そのために使うものですよね。

はすみ　私に機密費をよこせ！

倉山　アメリカンスクールを真正面からぶっ叩きましょう。なぜトランプ叩きをするのか。それは、第二次世界大戦後の世界秩序を守る側にいたいからです。

はすみ　それは誰が守りたいのですか？

倉山　我が国の外務省の中で保守を自任する人たちが、結局は第二次世界大戦後の秩序を守りたいがゆえにトランプに対して批判的なのです。

今、安倍さんは、ものすごくおいしい立場にいます。トランプは世界中でネタニヤフ・イスラエル首相と安倍しか友達がいないので。

はすみ　ふふふ。わかります（笑）。

倉山　そして、インドから東にいたっては、頼りにならない国か信用できない国ばかりです。インドは頼りになりますが、不信が渦巻いている。ＡＳＥＡＮは信用できるけれど、頼りにならない。韓国に至っては信用もできないし、頼りにもならない。そうなると、安倍が一番まともに見えてしまうのです。

はすみ 在任期間も長いですからね。先輩政治家として、どういう政治判断をすべきかなど、相談されていると思います。

倉山 米国務省が今、ストライキしているので、今はASEANやインドなどとの関係を仲介しているという意味で、安倍さん、先ほども言いましたが、トランプ内閣の外務大臣なんですよ。

はすみ わかります（笑）。

倉山 だから、すごくおいしい位置ではある。ところが、まじめに防衛努力もしないし、憲法にしても従来の解釈を変えないとなると、条文をいじってもまったく意味がない。トランプから見たら詐欺のような話です。「お前、何もやらないんじゃないか！」と。

外務省の保守を自任する人たちにはそれこそまさに都合がいいのです。**「今、トランプは嫌われ者だから、口先だけで恩を売りつけておけば、別に憲法解釈を変えて法制局を敵に回したり、防衛予算を取りに行って財務省を敵に回したりしなくても、みんなにいい顔できますよ。ほら、これが大人の態度だ」というのが、アメリカンスクールの考えていることです。ここを、叩かなければなりません。外務省内の保守は、それがリアリズムだと思っているから困る。**

はすみ それ、保守なんですかね。

倉山 戦後保守。つまり、第二次世界大戦後の秩序を保守する。

はすみ　ああ、そういうことですか。わかりました。現状維持派ですね。

倉山　そう。彼らは現実主義ではなくて現状肯定派です。チャイナスクールというのはその落ちこぼれです。

はすみ　そうなんだ。腐っていますね。

倉山　**外務省はそういう第二次大戦後の秩序を肯定しアメリカのエスタブリッシュメントに媚《こ》びようとする腐れ保守が主流派なんです。チャイナスクールはそこから一つ格が落ちるから、そうなると、売国奴になるしかない。さらにそこから一つ格が落ちるのが、コリアスクール。コリアスクール（北）は北朝鮮にシンパシーを持っているというのですから、相当な変質者です。**

　コリアスクール（南）には、韓国大使のときにハニートラップに引っかかった人がいて、その人は二〇一五年まで八年間、侍従長を務めていましたね。

はすみ　そうなんですか？

倉山　**川島裕**《かわしまゆたか》（※注）さん。それは新聞沙汰《ざた》になっているので、ここでも実名をあげておきます。**現職大使のときに女性スキャンダルを起こした**

※注：川島裕

　駐韓公使、外務省アジア局長、駐イスラエル大使などを歴任。外務事務次官に内定したが、その直後に省内で「怪文書」が出回り、それが報道機関に漏れた。

　その内容は、川島が韓国で愛人をつくり、それをネタに韓国の情報機関に脅されていたというもの。しかも、アジア局長就任後、当の女性を日本に呼び寄せ、さらに、女性は短期の在留資格で来日したにもかかわらず、川島は違法に在留期間を延長させた。そして、この問題がマスコミに取り上げられるや否や、在留期間の延長を打ち切り、外務省から出向していた入管職員を使って韓国に強制送還したという。

　また、問題の女性は韓国情報機関のために働いていた者で、人が宮中入り。

はすみ　う〜、すごい、何それ。

倉山　いや、それは氷山の一角。佐藤優《まさる》の『外務省ハレンチ物語』（徳間書店、二〇一一年）を読んだことがありますが、佐藤さん手加減していますよ。表で書けるレベルはこの程度なのでしょうね。

はすみ　事実でないなら、外務省が名誉棄損で訴えないと。

倉山　佐藤優さんの名前を出しましたからロシアの話をしましょう。ロシアスクールは昔は「五〇〇パーセントの安全保障を求める」ようなタカ派が多かった。ソ連を敵だと思っている人の集まりでした。

はすみ　今は？

倉山　プーチン相手に交渉で北方領土を取り返せると思っていたら、頭おかしいですよね。

はすみ　そうですよね。

倉山　ただ、本当のところ、評論家が何を言っているかは知っているのですが、ロシアスクールの連中が何を考えているかはわからないんですよね。丹波實《たんばみのる》という『200％の安全保障を求める国——ソ連戦略と日本の対応』（人間の科学社、一九八四年）の著者が超タカ

当時の金大中政権の最高幹部の愛人と噂されているという。以上は『噂の眞相』および『月刊Themis』一九九九年七月号に依拠。

倉山注：これだけのことがありながら、川島は一九九九年八月に外務事務次官に就任する。二〇〇一年に外務省機密費流用事件が発覚して更迭されるが、二〇〇三年宮中入り。侍従長となり、二〇〇七〜二〇一五年の八年間、今上陛下に仕える。

派の人なのですが、**外務省機密費疑惑**(※注)のときに「ワインぐらいいいじゃないか、ははは」などとヘラヘラしたことを言っていて、そうとう毒が回ったなと思いました。

ロシアスクールというより、**日本人でプーチンを褒めているヤツは×××以外は全員バカ。**

はすみ　あら、私、プーチン好きですよ。ちょっとカッコいい。

倉山　またそういう……。

はすみ　私のパソコンの中にプーチン・フォルダがあるんです。ちょっと禿《は》げてる人が好きなんですよね。ビジュアル的に興味深い。意外なそっくりさんはモナリザ。ちょっと似てるでしょう？（笑）。

倉山　言われてみればそうですね。まあ、そういう話ならいいんですけど。本気でプーチンが親日派とか信じて疑わないバカがいますから。

※注：外務省機密費疑惑
外務省機密費流用事件とも。二〇〇一年に機密費流用問題が発覚。松尾克俊・外務省要人外国訪問支援室長は官房機密費を私的に流用したとして懲戒免職の上、詐欺罪で逮捕・起訴され有罪判決を受けた。
倉山注：以後、多くの外務省スキャンダルが噴出した。

プーチン・ロシア大統領

「モナリザの微笑み」

はすみ　それはないです。

倉山　単なる人殺しですからね。

外務省について、最後に一言。財務省と比較しながら、その狂い方を機械に喩《たと》えてみます。**財務省というのはウィルスがパソコン全体に回り切っているという状態です。どうやって除去しようかという次元の話で、ものすごく有能なウィルスバスターを入れれば治るのです。**

一方、外務省というのは「その設計図、組み立てちゃダメ！」という世界です。そもそも、やったらいけないことをやっている。

国連とフェミニズム

倉山　本章のテーマは「国際」ですから、国連の話、はすみさんお願いします。

はすみ　はい。国連というとパヨク。パヨクというと国連ですよ。まずフェミニズムや**ジェンダー・フリー**（※注）の問題からお話ししますね。

私は日本のフェミニズムには懐疑的ですが、すべてのフェミニズムを否定しているわけではありません。特に海外では女性をめぐる

※注：ジェンダー・フリー
ジェンダー（gender）とは社会的・文化的役割としての性。ジェンダー・フリーとは「男性」「女性」といった性別にとらわれず、性役割の通念からの自由を目指す考え方。和製英語。
倉山注：おもしろい話なんかあるわけないので、特になし。

環境には目を覆うような惨状があります。強姦《ごうかん》が頻繁に起きるのに裁判になることはほとんどなく、場合によっては殺人ですらも罪に問われません。

硫酸などの劇物を顔にかけて火傷《やけど》を負わせるアシッドアタックなどはビジュアル的にショッキングなので先進国でもよく知られるようになりました。治療には何度も手術しなければなりません。手術代の払えない貧しい女性は二目と見られない姿でその後の一生を送らなければなりません。インドなどでは、そういうことが社会問題化している、つまり、よく起こるのです。そんなことをしても罪にならない。

このような極端な事例は主に発展途上国の問題ですが、ヨーロッパでも日本であり得ない男女差別が残っています。そういう社会の女性が女性の人権を掲げて男女同権を目指す運動は応援したいと思います。それは、女性うんぬんというより人間として扱ってもらいたいという素朴な希望の表明です。そこでは「男女差別」などという生やさしいものではなく、女性の虐待が行われているのです。

倉山　宗教原理主義の国で「強姦はされた奴が有罪」とか、アフリカのどこぞの部族で少女が成長するとクリトリスを切ってしまうとかね。不衛生な環境で一種の外科手術を行うので感染症で死んだり、後遺症に苦しんだりすることがあります。国連が「その当地の慣習や法律に関係なく男女差別するな、慣習だからといって認めない」と主張しているのは、本来、そういう野蛮な行為が対象なんですよね。

はすみ　一方で日本にはそういう虐待は非常に稀《まれ》です。強姦ほか虐待事件が存在しないわけではありませんが、それらはすべて違法ですから、実行した犯人は罪に問われます。

「男女差別」に関する国連の勧告も、狙《ねら》いは本来、そういう虐待を社会として合法化することをやめろということなのです。

一方で、**日本ではそんな野蛮な行為は合法ではありませんから、そういう女性の虐待と言うべき男女差別などないと言っていいでしょう。日本で話題のジェンダー・フリーやフェミニズムの主張は、それとはまったく違って、男女平等のスローガンを乱用したニセモノなんですよ。**

日本で「男女平等」や「フェミニズム」を主張している人は、あえて言いますがブスです。必ずしも造形的な容姿のことを言っているのではありませんよ。ブスというのはよく言ったもので、ぶす〜っとしているからブスなのです。要は性格ブス。その人となりはオーラとなって外観にも表れますからブスに見えます。もっとも、容姿ブス＋性格ブスの人も多いですけどね。

そんな女として勝てないブス、男に相手にされないブスは「女」として生き残ってはいけません。女性としての魅力を認めてもらえない人たちが、それでも男に認められたくて、わざわざ男の社会に割って入りこんで、男と同じことをして認めてもらおうというのが日本のフェミニズム、ジェンダー・フリーなのです。辻元清美や福島瑞穂《ふくしまみずほ》らの主張。フェミニズムを声高にやっている人ほどココロブス。

倉山　**男女雇用機会均等法**(※注)って**土井たか子**(※注)さんが一生懸命やっていたじゃないですか。

はすみ　悪法ですね。
倉山　あれ、まともな女性は怒り狂いましたよね。
はすみ　頭にきます。私、それが施行されたとき、ちょうど交通警備の仕事をしていたんです。均等法以前は、女性は夜十時以降は働かなくてよかったのです。危険だということで法律で禁止されていたから。また、女性は国道や高速道路の現場には入らなくてもよかった。これも危険防止措置です。しかし、男女雇用機会均等法ができてから、女も夜十時以降働くことになりました。私も人気《ひとけ》の少ない夜の道路で警備棒を振ることになりました。
　屋外での深夜労働から女性を守ることには意味があったと思います。機会均等の名の下に保護を撤廃されて、私自身、女性としては身の危険を感じることが多々ありましたね。
倉山　それに、能力がなくても女だからと採用する**アファーマティブ・アクション**(※注)**（積極的差別是正措置）**というものがありますね。安倍内閣の女性大臣じゃないですけど。
はすみ　男性はテストなり選挙なりである程度の基準を収めた人だけが採用され、女性は無能であっても採用されるとなると生じる問題

※注：男女雇用機会均等法
　募集、採用、昇進、訓練、福利厚生、定年、解雇など雇用に関して男女差別を禁止する法律。一九八五年制定時は努力目標だったが、一九九七年の改正で禁止となった。施行は九九年。

※注：土井たか子
　元日本社会党委員長、元社会民主党党首。日本憲政史上初の女性党首。二〇一四年没。
倉山注：いずれも、特になし。

※注：アファーマティブ・アクション
　女性や少数民族に対する差別によって就職や進学に有利不利が生じる現象を是正する目的で

点が二点あります。一点は、男性は全員有能、女性は有能な人と無能な人がいることになるので「女は仕事ができない」と思われる確率が上がります。その意味で、有能な女性にとっては迷惑な話です。活動家には女性が多いですが、こうなると女性が女性の首を締めているようなものです。

もう一点は、優秀な男性が採用されないという逆差別が生じることです。そして本来できる人がするはずだった仕事をできない人が担うことによって、サービスの受け手が被害をこうむります。

国連からも国会議員の女性の割合を増やせと、UPR（Universal Periodic Review 普遍的・定期的レビュー）の審査で勧告が出ています。勧告に準じた措置を取れば、無能な女性議員が増えることになるでしょう。「女はダメだ」という話にもなっていくでしょうね。そして政治家がダメになって困るのは国民です。

倉山　それにしても、どうして国連がそういうことを言ってくるのか。内政干渉以外の何ものでもない。

はすみ　パヨクが告げ口に行き、国連に勧告を促しているのです。UPRというものがあって、これは四年に一回、国連側が日本に対し

考えられた制度。採用枠の設定や、得点の割増しといった方法がある。

倉山注：ｚｚｚ。

て「ああしなさいこうしなさい」と勧告をしてきます。去年（二〇一七年）の十一月にもありました。その後、四年間猶予をもたせます。そして、それが改善できたかどうかを四年後に調べ、また「これができてない、あれができていない」と文句をつける。それを、延々と続けていくのが、このシステムです（参考：外務省HP、UPRの概要：http://www.mofa.go.jp/mofaj/gaiko/jinken_r/upr_gai.html）。

十一月に出された国連側の指摘の一つは「**個人通報制度**を批准せよ」でした。

ここで、まず「個人通報制度」についてご説明します。今のところ国連に対して個人が何らかの不満を訴えることはできません。個人や市民団体は、まず、ある問題に関して日本政府に改善を要求しますが、日本政府がその要求を受け付けない場合、NGO（non-governmental organizations、非政府組織）が日本政府に改善要求をします。それでも、日本政府が受理しない場合にNGOを通じて国連に訴えるというのが現行のシステムです。ところが、個人通報制度では個人が国連に申請できるようになります。これだけでは、何やら風通しの良いシステムに聞こえますが、実現したらさまざまな問題が起こることが考えられます。例えば、日本での裁判結果を不服として国連に訴えたりすることも可能です。

アムネスティ・インターナショナルによると「人権条約に認められた権利を侵害された個人が、各人権条約の条約機関に直接訴え、国際的な場で自分自身が受けた人権侵害の救済を求めることができる制度」なので、無条件になんでも訴えられる制度ではないようですが、「条約に認められた権利」が何か。その解釈によっては面倒です。極端な例ですが、死刑判決を不服とする麻原彰晃《あさはらしょうこう》のような人が国連に行って人権侵害だと訴えることもできてしまうかもしれません。

また「見解には拘束力はありませんが、国際・国内の世論を高めることで国内法の改正を図り、人権侵害の救済・是正を目指します」（参考：アムネスティ・インターナショナルHP、http://www.amnesty.or.jp/human-rights/topic/ihrl/report_system.html）とあります。拘束力がないとはいえ、国連という機関を使って「死刑制度の廃止」や「無国籍者への国籍付与」「女性の社会進出促進」を要求させようとするパヨク活動家がうじゃうじゃいることを考えると、これを批准すると、彼らはただでさえ国連に弱い日本の「世論を高めることで国内法の改正を図り、人権侵害の救済・是正」をよりいっそう目指すこととなり、そのマスコミへの影響力や国内世論の圧力はバカにならないと考えられます。タダでさえ過剰気味の最近の「国連」による内政干渉をこれ以上激化させることは避けなければなりません。

倉山　その「国連」思想はハーバードを中心としたアメリカの東海岸が出所です。国連という機関自体に頭はありません。アメリカ東海岸で言っているようなことが国連に行って、日本に来る。

はすみ　でもね、アメリカに限らず、世界各国から声が上がるのです。今、国連は中国マネーに牛耳られています。国連の中は自由主義圏と（旧）社会主義圏で綱引きをやっている状態なのですが、最近、社会主義のほうが強くなってきてしまっているんですよね。

倉山　じゃあ、脱退しよう（笑）。

はすみ　だからトランプさんも頭にきていて、ニューヨークの国連本部がある土地について、自分の会社で開発したいから、国連なんて抜けて、あそこの土地を売ってしまおうと。

倉山　**新国連の名称、いいのがありますよ。**

はすみ　**それは何ですか？**

倉山　**The League of Nations** です。

はすみ　**日本語に直すと？**

倉山　**国際連盟**。

私は前々から言っています。日本が国際連盟をつくるぞと言ったら、たぶん世界中の国がついてきます。

はすみ　「戦勝国連合」はもう時代遅れですよ。

倉山　トランプと組んで、国際連盟をつくる！

はすみ　いいですね。「この指、止まれ！」と言ったら、みんなワ～って寄ってくる。

倉山　自由主義を認めない人、人を殺してはいけませんという価値観を共有できない人は入れない。**人を殺してはいけませんという価値観を共有できる人たちだけで国際機関をつくる。**

はすみ　そしたら日本しかいられなくない？　日本しか入れない（笑）。

国際連盟の記章

倉山　一応、アメリカまでは大丈夫。建前が共有できるかどうか。チャイナ、ロシア、ノース・コリアはその建前すらない。「なんで?」という発想です。だから、その点は日本とアメリカが組んで加盟できるかどうか審査してあげる。アジア開発銀行（ADB）だって、他全部の国が束になってかかったって、日本とアメリカが協力すれば決まりなので。軍事はともかく、経済だと日米が組んだら過半数。AIIB（アジアインフラ投資銀行）だって、我が財務省が本気になれば、全世界を相手に圧勝。

はすみ　なぜに?

倉山　ウチの天下り先のアジ開に喧嘩《けんか》売る気か?　ゴラァ!　って、潰しにかかった。あのときの香川俊介財務事務次官指揮下の財務省はすごかった。オバマ大統領時代のアメリカに、「お前は黙ってそこで見てろ!」くらいの勢い。中国もEUもロシアも、まとめて粉砕。

はすみ　その能力、他でも使えばいいのに。国益のために。

倉山　香川さんがトップを辞めたら、中国相手に妥協しましたけどね。

はすみ　日本も、もう少し自信を持ってほしいんですよね。

倉山　話を戻すと、国際連合をトランプと一緒に脱退して、リーグ・オブ・ネーションズ（国際連盟）復活!　ちなみに国際連合には普遍的国際機関という建前がないことを知っていますか?

はすみ　知りませんでした。

倉山　**一応、国際連盟は普遍的国際機関であるという建前なので、「仮面をつけた大国主義」と呼ばれました。第二次世界大戦後にできた「国際連合」は日本人が無理やり誤訳しているだけで、「連合国」じゃないですか。仮面をかなぐり捨てたむき出しの大国主義と言われる。United Nations は単なる連合国ですからね。**

はすみ　United Nations ですからね。国連に行くと、いろいろな国の言語で United Nations とか何とかって書いてあるのですけど。中国語は「联合国」ですもんね。

中国語による連合国の記章

「〜らしさ」の否定〜ルソーからエマ・ワトソンへ〜

はすみ　話をフェミニズムに戻します。映画『ハリー・ポッター』シリーズのハーマイオニー役で有名なエマ・ワトソンのジェンダー・フリーに関する発言がいくつかあります。

その一つが、十八歳の誕生日にパパラッチにスカートの中を撮影され、タブロイド紙に掲載された事件についてです。イギリスでは十八歳未満の少女のスカートの中を盗撮するのは違法ですが、十八歳過ぎたら合法。

原文：I remember on my 18th birthday I came out of my 18th birthday party and photographers laid down on the pavement and took photographs up my skirt, which were then published on the front of the English tabloids the next morning. If they had published the photographs 24 hours earlier they would have been illegal, but because I had just turned 18 they were legal. **I think that's just one example of how my transition to womanhood was dealt very differently by the tabloid press than it was for my male colleagues.**

(https://www.huffingtonpost.com/entry/emma-watson-on-the-most-critical-step-towards-gender-equality_us_56defbcfe4b0000de405fb89)

原文翻訳抜粋：ずっと昔から、性別に基づいた疑問を感じるようになりました。8歳のときに、「偉そうにいばっている」と言われ困惑しました。親たちに見せる芝居を、私が仕切ろうとしたからです。しかし男子だと、そう呼ばれませんでした。

14歳のときには、私は一部のメディアによって性的対象化されるようになりました。

15歳のとき、私の女友達はスポーツをやめるようになりました。筋肉質になるのが嫌だったから。

そして18歳になると、私の男友達は自分たちの気持ちを表現できなくなってしまいました。（中略）

なぜかというと、私は母と同じく父の存在が大事だったのにもかかわらず、今日まで父は親としての役割を軽んじられるのを目にしてきました。

精神病に苦しんでいても、「男らしくない」と見られることを恐れて助けを求めることができない若い男性を見てきました。イギリスでは、20歳から49歳男性の最大の死因は、自殺なのです。交通事故、がん、そして冠状動脈心疾患を上回っています。

男の成功という歪《ゆが》んだ意識によって、男性が傷つきやすく、不安定になっていくのを見てきました。男性も、平等の恩恵を受けているわけではないのです。

「ありのままの自分として定義し始めたら、私たちはもっと自由になれる」

男という固定概念に囚《とら》われている男性について、話すことは多くありません。しかし、私には固定概念を押し付けられていることが見えます。彼らが固定概念から自由になれば、自然と女性にも変化が起きるのです。

もし、男性として認められるために男性が攻撃的になる必要がなければ、女性が服従的になるのを強いられることはないでしょう。もし、男性がコントロールする必要がなければ、女性はコントロールされることはないでしょう。

男性も女性も、繊細でいられる自由、強くいられる自由があるべきです。**今こそ、対立した二つの考えではなく、広範囲な視点で性別を捉えるときです。**

私たちが私たちではないものでお互いを定義するのをやめて、ありのままの自分として定義し始めたら、私たちはもっと自由になれるのです。これが、「HeForShe」そのものなのです。自由であることなのです。

(https://www.buzzfeed.com/jp/eimiyamamitsu/emma-watson-heforshe-speech?utm_term=.mvEeajaxV#.kxXxygyD2)

倉山　どうして？　そこからツッコむ必要があります。

はすみ　そうですよね。しかし、エマ・ワトソンはこれについて「大人（の女性）になることを男性の場合とは非常に異なった形で扱われた一例である」と言って、これをジェンダー・フリーの問題にしているのです。これは理論のすり替えで、本人の承諾なくプライベートなゾーン、この場合スカートの中を撮影するというのは日本では盗撮行為です。イギリスでなぜそんな行為が合法なのか、そこが問題なのです。

倉山　なぜ十八歳未満に限定しているのかよくわかりませんね。単なる法の不備です。

はすみ　そうですね。盗撮行為を有罪にすべきだと問題提起し、法の不備を訴えるのであればわかるんですけど、これを男女差別とかジェンダー・フリーの問題にすり替えるのです。

倉山　盗撮魔で男を代表されても困るんですよね。それに、女房にDVするヤツで男を代表されても困ります。

はすみ　エマ・ワトソン、賢いんだか、おバカさんなんだか。

倉山　いや、おバカさんでしょ。どう考えても賢くないですよ。他は知りませんが、その点に関しては。

はすみ　国連でもスピーチしていて、その内容が、半分は当たっているのですが、半分は見当違い。アフリカの教育を受けられない少女たちの話などもあり、その点は賛同しますが、「女性らしさ」「男性らしさ」など「～らしさ」を求めること自体がそもそも間違っているとエマ・ワトソンは言っています。

私が思うに、女性の体をして女性らしく振る舞うことに抵抗があり、男性を恋愛対象とする人は、まず自分がおナベになって、ホモセクシュアルになればいい。そういう人は実際にいます。エミ小山といって、アメリカにいるパヨクの日本人です。もともとは男性なのですが性転換をしてレズビアンになっているのです。

倉山　そういう趣味の人もいますよね。

はすみ　エマ・ワトソンはその反対で男性に性転換してホモになればいい。

倉山　ちょっとその辺、ついていけなかったんですけど。何のことやら、ぶっ飛んでしまった。

はすみ　ごめんなさい。

倉山　なんでそうなる？　ちょっと、相手の反対を言っているうちにわけがわからなくなりました。無理やりそれをやれというのは、おかしくないですか。

はすみ　そうしろと言っているのではなく、自分が今のスタンダードに合わないからといって、自分の思うとおりにスタンダードを変えるのは間違いだと。

倉山　**全然違う次元のことをジェンダー・フリーの一言で一緒にするからわけがわからなくなるんですよね。**

はすみ　論点のすり替えですよね。「子どもの貧困」や「子ども食堂」など、社会の問題のように言っていますけど、あれ、親の責任ですからね。それなのに、社会が悪い、安倍が悪いと、パヨクは論点をすり替えてきます。

倉山　昔は「田中が悪い」だったんですけどね。

はすみ　田中って？

田中角栄（しわがれ声でモノマネ）**社会が悪い、世間が悪い、田中が悪いって、人のせいにばかりする若者が増えてるけどね。**

はすみ　ああ、角栄ね。

倉山　いや、どう考えても七割はお前が悪いだろ。自分の都合で総理大臣の首、すげかえているのだからお前が悪い。「田中が悪い」は本当にそうだったのですが。安倍さんも出世しましたね。一時期の角さんぐらいになりました。角栄は日本中から言われましたが、安倍さんには応援団が半分いて、「すべて安倍が悪い」なんてパヨクしか言ってくれない（笑）。

で、その男らしさ、女らしさ。「らしさ」まで否定してどうするんだか。私は男女差別論者なので、女はイザというときに生き残る。男は死ねと思っています。

はすみ　生き残るために女性は、丈夫にできているのです！
倉山　実は痛みに強いのは女性のほうなんですよね。
はすみ　そうですよ。
倉山　男らしさ、女らしさを否定する風潮には、戦争がなくなって、男にもイザというときがなくなったというのが大きいですよね。それで、ジェンダー・フリーが大きく世の中で幅を利かすようになってきているのです。第二次世界大戦は人類史上最も多くの人が死んだ戦争でしたが、その後、長らく戦争がない地域が多かったので、こうなっているわけですね。どんどんエスカレートして、この人たち何をしでかすかわからない。
はすみ　**「～らしさ」には責任が付随しています。「女性らしく」するには、女性の責任がついてくる。フェミニズムを叫ぶ女性たちはその責任から逃れたい、放棄したいのだと思います。だから、女性らしくなりたくない。これは逃げ？**
倉山　誰が責任を取るんだという問題からの逃げでもある。
はすみ　少子化になっても社会が責任取れって話じゃないですか。
倉山　それ、元を辿るとジャン・ジャック・ルソーなのです。チェスタートンという有名な批評家が言っています。「狂人とは理性がない人間ではない。理性しかない人間のことである」と。まさにこれ。一見、正しい理屈を言っていて、彼らが打ち立てた前提条件に則《のっと》って理屈を聞いていると、もっともらしいのですが、最後まで行ってしまうと変になる。**男子トイレと女子ト**

イレの区別がなくなる(※注)とか。

はすみ　二〇一七年一月にトランプさんが大統領になるとすぐ、翌月二月に撤回しましたけどね。

倉山　オバマという人はそういう人たちの回し者なのです。ルソーの思想がもとでフランス革命が起きたわけだし、マルクス主義も元を辿るとルソーです。

　社会というのは矛盾があるのが当たり前です。そこのツッコミが、特にマルクスはうまかったんですよね。確かに社会には矛盾がたくさんあって、それは是正していかなければならないのですが、でも、理屈だけ突き詰めていって現実を無視すると、トンチンカンなことになる。共産主義が失敗したので、今、こんな形でやっているということです。単なる破壊衝動であって、**批判だけ正しいヤツの言うことはどんなに理屈が通っていても聞いちゃいけない。保守というのは「落ち着けよ」なのです。**

はすみ　まあ落ち着け、まあ座れと。

倉山　そう。まあ落ち着けというのが保守。フランス革命のときに急進派は「一年が三六五日なんか不合理じゃないか」と。「でも太陽

※注：男子トイレと女子トイレの区別がなくなる
　二〇一六年五月、米オバマ大統領（当時）が連邦政府から補助金を受けているすべての学校に生物学的な性ではなく「本人が認識している自分の性別」として扱うよう通達を出した。これに従えば、生徒本人の性自認に対応するトイレを使用できるようにしなくてはならない。心と体の性が一致しないトランスジェンダー児童への配慮であったが、社会的論議を巻き起こした。
倉山注：これ、はすみさんがイラストでネタにしていたような。

と地球の関係がそうなんだから、しょうがないじゃん」という穏健派は無視され、無理やり一年三六〇日、一週間十日、一カ月三〇日になったら、地獄になっちゃった。十日に一回しか休みがないんですよ。月に三回しか休みがないんですよ。どうすんだよ。

　どこまでいったって理屈で解決できないこともあるのが人間社会なのだということをわかっていない連中に発言権を持たせてしまうとひどいことになる。

はすみ　それがパヨクの本質を言い当てていると思います。

倉山　では、**バーク**(※注)と**シャトーブリアン**(※注)を読みましょう。

　ちなみに、シャトーブリアン（Chateaubriand）というのは最後のロマン派にして、最初の保守主義者と言われている人です。「落ち着けよ」がわからない人々が社会を混乱させるべく騒ぐわけですよ。パヨクというのは落ち着いてない人々です。

はすみ　自分の行いの結果がどうなるのか、見えていない。

　例えば、アメリカの発電施設をめぐってこんな話があります。最初は石炭を燃料にしていました。それを「石炭は環境に悪い。風力発電にしろ」と環境保護団体が反対運動を起こしました。それで、

※注：エドマンド・バーク
　イギリスの政治思想家。アイルランド生まれ。フランス革命への批判書『フランス革命の省察』（Reflections on the Revolution in France,1790）で有名。同書は保守のバイブルとも言われる。
倉山注：知ったかぶり保守のバイブルでもある。

※注：シャトーブリアン
　フランスの政治家。フランス革命で戦い敗れてイギリスに亡命。ウィーン体制下で政治家として活躍。著書に『革命論』(Essai sur les Révolutions,1797）がある。
倉山注：ステーキのシャトーブリアンは、この人の名前にちなんで付けられた。ちなみに、ワインのほうは、シャトー・オー・

風力発電を行うことになったのです。しかし、風力機の羽に鳥が激突して死んでしまうという事例がたくさん出た。すると今度は動物愛護団体が出てきて「風力発電をやめろ」と騒いだので風力発電がなくなっちゃったの。

倉山　この世に百点満点の世界があると思っている人たちがそういうことをやるわけですね。キリスト教原理主義とか共産主義者とかね。

はすみ　そう。しかも、そういう人たちは、自分は頭がいいと思っている。

倉山　中世キリスト教、近世啓蒙主義、近代共産主義、そして、現代ジェンダー・フリー？

はすみ　ジェンダー・フリーなんて、まず、あり得ないですよ。女性は子どもを産み、男は産めない。女性には男みたいに力が出ないし、持って生まれた差があるのに、それを一緒にするというのは無理な話ですよ。

倉山　根源的なことを言うと、差別と区別の違いは、合理的な差別のことを区別、不合理な区別を差別といいます。その区別は、その国や民族、時代によってそれぞれ違い、一つの基準なんかない。ただ、

ブリオン（Château Haut Brion）で綴《つづ》りが違う。伊東冬美『フランス大革命に抗して―シャトーブリアンとロマン主義』（中公新書、一九八五年）は名著だ。

合理的な差別である区別までなくしてしまったら、文化がなくなってしまいます。スターリン時代のソ連や毛沢東時代の中国みたいに全員平等に不幸になるとかね。言い換えれば人間性をなくす。それを実現させたのがポル・ポトですよ。そして、スターリンや毛沢東、ポル・ポトと比べると程度は低いけど、ゆとり教育というのも「日本人を平等に頭悪くさせよう」ということです。

はすみ　そういうことですね。

倉山　やっぱり歴史を学ばないとダメだということですね。歴史を学ぶと、危ないヤツの思考回路はワンパターンなので、わかる。

だから、マルクスが出てきたとき、キリスト教の焼き直しだということが、賢い人にはわかっていました。天国がどんなところかわからないように共産主義社会がどんなところかまったくわからない。教会のかわりを共産党が務めるだけだとね。

手口はジェンダー・フリーも一緒ですよね。批判や非難は部分的に正しいけれども、共産主義者の言うとおりの社会が実現した場合、より悲惨な矛盾だらけの世界になる。

はすみ　だいたい世の中というのは理不尽だらけ。そこをどう折り合いをつけていくかというのが人間力なのに、それを放棄して、平等とジェンダー・フリーを主張する。

倉山　だいたい、マルクスの言う原始共産制って、あれ、ウソで、猿の時点で階級社会ですからね。進化論がわかっていません。男女で差がないというのは原始的な動物ですよ。

はすみ　単細胞生物とかミミズ。そんなに野蛮な生物に先祖返りしたいのかと。

倉山　**人間は自然に帰れと言ったのがジャン・ジャック・ルソーでした。マルクスもそうですが、ルソー自体もキリスト教の悪しきパロディーですからね。キリスト教の凶悪な部分だけをかき集めるとルソーになって、マルクスをはじめとしジェンダー・フリーに至る危ない人々は全員ルソーの焼き直しなんですよ。**

既存の伝統秩序の矛盾点を見つけて、ただひたすら破壊衝動だけをもっともらしく言っている人たち。まあ、ルソーの落とし子ですね。「人間は自然に帰れ」とは、「殺し合いしろ」という意味ですよ。「野蛮になれ！」

はすみ　「自然に帰れ」というのも「絶滅しろ」とも言っているのかな。

倉山　ルソーの思想を忠実に再現した社会で、自分以外、全員バカになったら独裁者になれる。

はすみ　ああ、なるほど。

倉山　まさに、スターリンや毛沢東はそれをやったわけですよ。豊かな暮らしをしているところのインテリって、そういうのにコロッと騙《だま》されちゃうんですよね。

次章でお話しするのは、この騙されやすいインテリたちのdis《ディス》り方です。

第五章

学者

病気中《びょうきちゅう》 代打《だいだ》で お世話《せわ》に なったし…
香山先生《かやませんせい》には お礼《れい》もかねて デートの お誘《さそ》いをしよう
誌上《しじょう》で申《もう》し込《こ》み なんて…ハハッ ちょっと大胆《だいたん》 かな…
きっと楽しいですよ
香山《かやま》さん 一度《いちど》お茶《ちゃ》でも しませんか？ 憲法《けんぽう》の話《はなし》でも しましょうよ

ひいいい イイイ!! 呼《よ》び出《だ》し？ 公開《こうかい》で!? 呼《よ》び出《だ》し イイイイ!?
香山先生《かやませんせい》 どうしたん ですか!?
出先《でさき》 ですよ!
ガタガタ
オモテ出ろ
香山《かやま》さん 一度《いちど》お茶《ちゃ》でも しませんか？ 憲法《けんぽう》の話《はなし》でも しましょうよ

ジェンダー・フリーの親玉、上野千鶴子

一九四八年生まれ。京都大学大学院社会学博士課程中退。一九九五年から二〇一一年まで東京大学大学院人文社会系研究科教授。立命館大学特別招聘教授。専門は女性学・ジェンダー研究

倉山　本章からはパヨク学者です。一般の知名度が低い人も多いので、全員の肩書を注で並べておきます。

前章でフェミニズムについて話題にのぼったので、その流れで、まずは上野千鶴子《うえのちづこ》大先生。

はすみ　この人は**ジェンダー・フリーの親玉**、ただそれだけ。

倉山　この人、あんまり語ることないんですよね。最近は弟子のほうが有名ですし。

はすみ　じゃあ、次。

もっともらしくない肩書で政府の委員会に招聘される〝ことな〟、古市憲寿

一九八五年生まれ。東京大学大学院総合文化研究科修士課程修了。『上野先生、勝手に死なれちゃ困ります！　僕らの介護不安に答えてください』（光文社新書、二〇一一年）は前述の上野千鶴子との共著

倉山　そして、弟子の古市憲寿《ふるいちのりとし》くん。

はすみ　上野さんの弟子なんですか？

倉山　そうですよ。

はすみ　それこそ、本当に**子どもがそのまま大人になっちゃったみたいな人**ですよね。

倉山　大きくなった子ども、〝ことな〟？

はすみ　典型的な〝ことな〟。電車やバスで子どもが泣いているのを親が注意するべきかどうかというテーマで議論していたときに、「子どもは親とは違う人格を持った別の人間なんだから、しょうがない」という主旨のことを言っていました。

倉山　それに、この古市君、東大大学院生の肩書で政府からお呼びがかかっているのです。しかも、「経済財政動向等についての集中点検会合」という消費税を八％に増税するかどうかの会

議に安倍さんが呼んでいる。

はすみ　え〜、なんで!?

倉山　古市を呼ぶんだったら、オレを呼べよ、安倍さん。

はすみ　なんでこの人が呼ばれるの？　意味がわからない。

倉山　安倍さんに聞いてくださいよ。

はすみ　バカ者代表ですか？

倉山　若者代表で。

はすみ　あはは、ウソ〜。

倉山　**大学院生の肩書で政府の委員**にもなっています。おかしいでしょ。

はすみ　おかしいよ。

倉山　それがまさに、**保守陣営よりパヨクのほうが実は体制側である**証明とも言えます。籠池《かごいけ》泰《やす》典《のり》さんが「教育勅語を幼稚園児に教えて何が悪いんだ。朝鮮学校は金日成思想を教えているじゃないか」と言っていましたが、向こうが事実上の体制側でこっちは残念ながら反体制だからしょうがないんです。安倍内閣ですら、消費増税八%にするかどうかの諮問委員に、古市を呼んで倉山満を呼ばない。だから安倍内閣があなる。こんだけ日銀が金融緩和しているのに、いまだに八%消費増税の悪影響を引きずっている。

はすみ　あのときは、私も増税反対の声を上げました。

倉山　ありがとうございます。

保守にとって最も大事な皇室に関しても、「ご公務軽減に関する有識者会議」と銘打った、実質は陛下の譲位に関する会議でも、倉山満を呼ばないわけですよ。安倍さんの人を見る目がないとか料簡が狭いとかではなく、世の中まだまだそういう感じなんです。悪いけど、なん十冊も本を出して全部売れている憲政史家の倉山満よりも、「東大大学院生」の肩書のほうが説得力があると思うのが、今の政府にいる人、体制側です。安倍さんだって同じ穴の狢《むじな》。

はすみ　そういう言い方が悪ければ、古くて悪い体制に風穴一つ開けられていない。

倉山　ソ連に支配されている東欧と一緒なわけです。ポーランドの**ワレサ**(※注)が「自分の意見が通らない」などと泣き言を言ったかを考えればいい。

はすみ　なるほどね。あの古市が政府の委員。それは知らなかった。

倉山　八%増税するかどうかの会議ですよ。それだけではなく「クールジャパン推進会議」委員などいろいろ招聘《しょうへい》されていますよ。

はすみ　私を呼んでよ。そうしたら、私、「このグズ！」とか「能無し！」

※注：レフ・ワレサ
ポーランドの政治家。ノーベル平和賞受賞者。一九八〇年代に独立自主管理労働組合「連帯」議長として当時社会主義国であったポーランドの体制を批判。自由化の旗手となっていく。後に大統領。
倉山注：発音は「ワウェンサ」が近いらしい。

とか「役立たず」とかさんざん言って帰ってくるのに。

倉山　**日本の役所というのは、台本通りに演じてくれる人に声を掛けるわけです。それにしても、普通はもっともらしい肩書の人を集めるのですが、古市の場合はもっともらしくないですからね。**なぜ呼ぶ？

はすみ　若い子を呼びましたというアリバイでしょ。

倉山　じゃあ倉山満でいい。

はすみ　先生、若くないから。

倉山　比較の問題で、招聘されている人々は年寄りばかりですから、私でも十分若者です。それに、二〇一三年当時の話。

はすみ　あ、そうか。ちょっと昔の話ですね。

倉山　古市のほうが若いですけど、当時、私はアラフォー、古市はアラサーだから、六十歳、七十歳のお年寄りに囲まれたら、あんまり変わらない、どちらも若者ですよ。五十で若手という世界ですしね。

はすみ　いやあ、先生、ご苦労なさったんですね。

倉山　そうですよ。だから、**古市を呼ぶぐらいだったらオレを呼べ！安倍、そんなことをやっているから木下**(※注)**に負けるんだよ。**

※注：木下康司《やすし》
元財務事務次官。第二次安倍内閣で、消費増税八％を実現させた立役者。当時の安倍内閣は総裁選・都議選・参議院選挙と全戦全勝で支持率絶好調。黒田東彦日銀総裁が「黒田バズーカ」をぶっぱなし、アベノミクスで劇的な景気回復中。しかも戦後誰もできなかった内閣法制局長官人事に介入という快挙を成し遂げるほど、強力だった。その安倍内閣に対し、自民党の九割、公明党の十割、民主党の幹部全員、経団連・経済同友会など財界主流派の全部、労働界の幹部、六大新聞とキー局を増税賛成の論調で統一し、その包囲網の力で安倍首相に増税を飲ませた。その結果、アベノミクスは大打撃。黒田さんが二発目のバズーカ（ハロウィン緩和）

はすみ　それにしても、この古市って、どうして出てきたんですかね。

倉山　東大がスターをつくりたかった。左上のスターです。左下が送り込んできた左下の鉄砲玉ですよ。それに、古市に関しては田原総一朗が「自分の人生、間違ってなかった」と安心したいために「朝まで生テレビ！」に出しているわけです。私なんか絶対「朝生」なんかに呼ばれませんよ。出たら、「お前の人生を全否定してやる」とか「お前の生きてきた人生に何の意味もないんだ」とか平気で言いそうです。「中曽根内閣から芸風変わっていませんね。もう四十年になりますよ」とか。

を発射し、その後安倍首相も一〇％の増税を見送っているので何とか景気は回復基調ではある。
倉山注：その後五年もたって、景気はいまだに回復していない。

血圧を下げそうで上げる重低音、姜尚中

一九五〇年生まれ。早稲田大学大学院政治学研究科博士課程修了。東京大学名誉教授・熊本県立劇場館長兼理事長。専攻は政治学、政治思想史。『朝まで生テレビ！』をはじめとする討論番組に数多く出演

田原総一朗（声をひそめてモノマネ）**じゃあ、次。姜尚中《カンサンジュン》。**

はすみ　姜尚中さん、なんであんなのがテレビに出ているのか、イマイチわからない。調べれば調べるほど謎です。

姜尚中（モノマネ）　**それはボクが東大教授だから。それに、在日枠っていうのがね、あるんだよ。**

はすみ　東大ってタレントスクールなんですか。

姜尚中（モノマネ）　**ボクって在日でしょ。それに、重低音のハスキーボイスって、もっともらしいでしょ。日本の女はバカだから、騙《だま》せるわけ。それに、日本のマスコミもバカだから出られるわけ。**

はすみ　ホントにそのとおりだから腹が立つ。

倉山　姜尚中のモノマネをしてささやくと、どんな寝起きの悪い人も急に目が覚める。

はすみ　最高の朝になりますね。

倉山　姜尚中のモノマネは、血圧をどうやって下げようかと考えていたときに思いついたんですよ。小泉純一郎のモノマネなんかしたら血圧上がりそうだけど、血圧が下がりそうなモノマネって誰だろうとつらつらと考えたとき、森本レオと姜尚中を思いついた。ただ、姜尚中は周りの人の血圧が上がるという副作用があったので、森本レオのほうがいい。

はすみ　ちなみに森本レオの物まねって、どんなのですか。

森本レオ（モノマネ）　**サバンナの朝は……。**

はすみ　いや、それもこそばゆい。もう、嫌です。

話を戻して姜尚中ですが、聞けば聞くほどたいしたこと言ってないんですよね。

姜尚中（モノマネ）**だから、専門用語をもっともらしく流せばね、バカなマスコミは喜んで、またボクを使うわけ。それで、大学教授の肩書が、どんどん上がっていって、最後学長で東大なわけだ。だから日本人はちょろいわけ。**

周回遅れの香山リカ

一九六〇年生まれ。精神科医、評論家、ピースボート水先案内人。東京医科大学医学部卒業。立教大学現代心理学部映像身体学科教授。新聞などの連載やラジオのレギュラー番組を持つ

倉山　愛《いと》しのリカちゃんこと、香山《かやま》リカはどうでしょう。

はすみ　中指姫と呼ばれていましたね。二〇一六年一月、「慰安婦問題での日韓合意を糾弾する国民大行進」デモが銀座で行われました。このとき香山リカがデモ隊に向かって中指を立てて「バカ野郎」などと叫んでいる映像がYouTubeにアップされています。香山リカちゃん、その頃は元気だったのに。

倉山　手錠のままマスコミに向かって中指を立て「クソッタレ」と言わなきゃいいですよ（苦笑）。

はすみ　香山さん、どうしてこんなに変な人なんだろうって、ず〜っと考えていたんですけど、中指事件をきっかけに昔のテレビドラマを思い出しました。
　一九六〇年代か七〇年代に『インベーダー』というアメリカの連続ドラマがありました。内容をざっと紹介しますと、宇宙人が地球に侵略目的でやってきて、主人公だけがその事実を知っているのです。毎回、そのインベーダーに命を狙《ねら》われながら、主人公が逃げるというドラマです。その宇宙人は地球人に化けて人間社会に混ざって生活しているのですが、宇宙人は小指が伸びたまま曲がらないのです。そこが宇宙人と地球人とを見分ける唯一の手がかりとなって「こいつ宇宙人だ」って気がつくの。
　リカちゃんもひょっとして宇宙人なんじゃないかな、な〜んて。
倉山　ところで、**香山さんの安倍批判を私、やめさせました**。
はすみ　素晴らしい。
倉山　『週刊SPA!』で月一の連載を執筆していたのですが、見開きページで上の段が私で、下の段が香山さんなのです。同じページの下の段で香山さんが「蓮舫《れんほう》さんいじめるな〜」、上の段で私が「蓮舫ごとき雑魚《ざこ》にかまうな!」ですから、香山さん、いつの間にかトーンが変わってしまいました。
はすみ　左右からの安倍批判（笑）。
倉山　上下です。見開きページの上下段ですから（笑）。

はすみ　雑誌として論調が統一されている（笑）。

倉山　今年（二〇一八年）二月なんか、私が日銀人事について書きました。「雨宮の副総裁就任を阻止しろ」と。それで、下の段の香山さんが何を書いているかと思ったら、西部邁《にしべすすむ》さんを悼んでいる（笑）。

はすみ　なんか逆転している！

倉山　「安倍、この腰抜け！」「パヨク諸君、安心しろ。増税を阻止できない男に改憲など無理だ」などと私が上段で書いていて、対する下段の香山さん「西部先生と朝までテレビでご一緒しました」と神妙に（笑）。

逆でしょ。本来なら、私が西部さんを悼むべきだったのかもしれませんが、西部さんとは一回しか会ったことがありませんし。というわけで、どうやら私、香山さんの安倍批判をやめさせてしまったようです。こっちは誹謗《ひぼう》中傷じゃなくて正当かつ建設的な批判なので、破壊力が違う。

はすみ　そら、やめざるを得ないですね。最近、元気がないんですよ、リカちゃん。

そうそう、この間、ツイッターでびっくり発言を発見。精神疾患は身体的疾患が原因で発症する場合もあるというのはそんなに新しい情報でもないと思うのですが、リカちゃん「私は最近、そのことを知りました」とツイート。医者なのに、今さら、知ったの？　**前から周回遅れの人だとは思っていたけど、そんなところまで周回遅れにならなくても……。**

倉山　それでも、どこぞの街宣右翼団体よりはマシですよ。にんべん抜きの「**呆守**（※注）」に比べれば、香山リカさんはマトモです。逆に言うと、下には「呆守」だけという人。
　ところで、私、香山さんにデートを申し込んだのです。

はすみ　どうでしたか。

倉山　実は、私が病気で休んでいる間に連載を引き受けてくれたのが香山さんでした。その御礼に**誌上デート申し込みをして「香山さん、一度、お茶でもしませんか。憲法の話でもしましょう」と書いたら、無視。**

はすみ　え〜っ、ひどい！

倉山　ほぼ無名のデビュー当時に中山恭子さんにラブコールを送りまくったときには、会ってくださって、仲良くしてくださったけれど、香山さんは無視。**こんなふうに人前で大恥をかかされて傷ついた。**

はすみ　謝罪と賠償を請求……って、全然、傷ついてないでしょ！

※注：呆守
「保守」の「保」からにんべんを取ると、「阿呆」の「呆」。「呆」とはもともと、おむつに包んだ赤子を表した字。にんべん付きの「保」は「おむつに包んだ赤子のように大切に包み守る」の意に発展したが、にんべんなしの「呆」は「ぼんやりするさま。のろま。あきれること。バカ」の意になった。
「呆守」とは、どこぞの街宣右翼団体をはじめ、考えなしに「右っぽい」ことを言い、結局のところ日本を破滅に導く人々をいう。
倉山注：右の注は倉山工房の総意です（社長決裁）。

劣悪師匠の劣化コピー、木村草太

一九八〇年生まれ。法学者。東京大学法学部卒業。首都大学東京大学院教授

倉山　憲法といえば、木村草太。一応、大学教授らしいです。しかし、その割には学力が低い。

はすみ　え？

倉山　和田政宗さんが国会質疑で私の『逆教育勅語』（倉山満『逆にしたらよくわかる教育勅語』ハート出版、二〇一四年）を紹介してくれたのです。それを木村草太くんはＴＢＳラジオ「荻上チキのSession-22」で「教育勅語のどこをどう読んだらああなるんだ?!」と非難したのです。

はすみ　私に言わせれば、それ以外にどんな読み方があるのだ？　ですが。

教育勅語が「親孝行しましょう。兄弟姉妹は仲良くしましょう」とあるのを、逆教育勅語は「親孝行してはいけません。兄弟姉妹は仲良くしてはいけません」とひっくり返しているだけです。さらに、「家庭内暴力をどんどんしましょう」「兄弟姉妹は他人の始まりです」という感じで付け加えています。木村氏は「あれは軍国主義のために親孝行を説いたものだ」とか言っていますが、それこそアンタの勝手読みじゃないの。

倉山　それで終了です。学問以前の国語の話です。

そんなことより、私は木村草太君と一度将棋で勝負したいと思っているんです。

はすみ　なんで？　お互いが将棋が趣味だからとか？

倉山　それもあるんですけど。

対木村草太用戦法を編み出しました。一方的に専守防衛の戦い方をして負ける。そして木村に言わせる。

木村「いやあ、やっぱり、先制攻撃をしかけないと勝てませんね」

倉山「あ、オタク、内閣法制局は先制自衛をお認めになるんですか。憲法理論と将棋では全くやり方が違いますね」

はすみ「おやおや、おかしいですね」と（笑）。

倉山　どっちの憲法理論が正しいか、将棋で決着をつけることを考えているのです。

はすみ　一方的に専守防衛に徹して、負ける。それ、いいですね。

倉山　木村君は**宮沢憲法学**（※注）をわかっていないのです。これも、いけない憲法学なのですが、木村草太君のは、もっとひどい**芦部《あしべ》憲法学**（※注）なのです。

※注：宮沢憲法学

宮沢憲法学とは宮沢俊義の教え。宮沢は美濃部達吉の弟子で、美濃部の後継者として東京帝国大学法学部教授となる。戦後は、日本国憲法の成立にも関わる。そして戦前の美濃部の後継者としての言説をすべてひっくり返す。敗戦をフランス革命のように捉え、戦後の日本は「新たな国に生まれ変わったのだ」という言説を広めた。

※注：芦部憲法学

芦部憲法学とは、宮沢の弟子、芦部信喜《のぶよし》の教え。芦部著『憲法』は日本中の大学で教科書とされている。通称「アシベの憲法」。両者について詳しくは『帝国憲法の真実』（扶桑社、二〇一四年）および『右も左も誤解だらけの立憲主義』を参照。

のです。

宮沢さんは帝国憲法をひっくり返した人なので、元の帝国憲法のこともわかっていたし、自分が何をやっているかもわかっていてやっていたのです。しかし、その宮沢憲法学が今や東大憲法学の中で、ほとんど顧みられず、「宮沢先生は所詮《しょせん》は国家主義者だった」という扱いになっています。それで、主流は弟子の芦部なのです。

はすみ　少し難しい話になってきましたね。宮沢さんと芦部さんの違いを一言で言うと？

倉山　宮沢はワル、芦部はパヨクです。みなさんがイメージする「パヨク」やその思想は芦部が考え出したことです。芦部は宮沢門下のできそこないです。兄弟子たちが各大学で偉くなり過ぎていて東大に戻れないので、一番下っ端の芦部が宮沢の後継者になったという、ただそれだけの男。宮沢はワルなりに筋は通っていますが、芦部は頭が悪いのです。だから、言っていることが矛盾だらけです。

宮沢は何もかもわかって意図して変更を加えているのですが、芦部はよくわからずにパヨっている。結果的に、体制御用学問になってしまうわけなのですが、それでも芦部は自分のことを人権の擁護者だと信じて疑わないわけです。**宮沢の弟子芦部の劣化コピーの劣化コピーが木村草太。**芦部から数えるとひ孫（曾孫）弟子、宮沢から見ると玄孫《やしゃご》弟子になります。だから、オリジナルのすごみはありません。

はすみ　ワルがパヨクになって、そこから、さらに劣化を重ねている系列のドン尻《じり》ですね。

倉山　少し専門的になりますが、宮沢俊義は日本国憲法の前文と一〇三条からなる条文は憲法の一部にすぎないとわかっている。あくまであれは憲法典であって、憲法附属法という概念が宮沢の教科書にはちゃんと出てくるのです。例えば憲法に衆議院の規定があったところで、公職選挙法がなければ、憲法の規定は実行できません。その意味で公職選挙法も憲法の一部なのです。だから憲法附属法一覧として該当の法律群を並べるわけです。

ところが弟子の芦部は日本国憲法の前文と条文だけが憲法だと世の中に広めていきます。芦部も実は、なんとなくわかっている。しかしながら、教科書には、あえてミスリードするように書いてあるのです。

ところが木村くんは本当に芦部憲法学を信じています。宮沢は憲法附属法を書いている。芦部はミスリードするように書いている。木村草太までいくと日本国憲法の条文が憲法のすべてだと本気で信じている。

そういう流れなので、木村草太というのは、ここまでいくと左上じゃなくて左下。これは強烈な罵倒語《ばとうご》！　今の話わかりました？

はすみ　ふふふ。勉強になります。

倉山　宮沢や芦部については、ここでは簡単に触れる程度にとどめますが、詳しくは、倉山満『右も左も誤解だらけの立憲主義』を参考にしていただければと思います。

はすみ　はい。

倉山　ジェンダー・フリーなどにつながる「人権」をめぐる考え方についても宮沢がねじ曲げました。

憲法とは本来統治を目的としたものです。国家統治の最も重要な手段として、人権尊重をしないと国がまとまらない。そういう歴史を特にヨーロッパなどは積み重ねてきました。宮沢はそのことを理解し、それをふまえてもなお、世界中の国の憲法学で人権が最も大切なものとして扱われていると言い出しました。目的と手段をひっくり返して人権が憲法の目的であるかのように主張しました。人権は確かに大事ですよ。でも、それはあくまでも統治の手段なのです。

ところが、宮沢はそれを逆さにし、国家や政府など人権を守るための手段だと言い出した。そうでなければ打倒したいぐらいの勢い。憲法学者は「革命権」とか本気で議論しています。

はすみ　何ですかそれ？

倉山　気に入らない政府を暴力で倒す権利です。

はすみ　それ、犯罪じゃん！

倉山　その犯罪を人権だと言い出すのが憲法学者。

さらにマニアックな話で恐縮ですが、宮沢俊義の盟友と称するパシリに清宮四郎という人がいました。日本国憲法の中で、両者は大御所です。清宮は「統治」、宮沢は「人権」をとりました。清宮は「統治」の大御所になり「主流のほうをくれるんだ」と思ったら、宮沢が「人権」を日本国憲法の主流にしてしまった。そういう詐術を行っているんですよね。

木村草太君はそういう歴史を知らないで、憲法は全世界的に人権を目的としたものだと思っている。木村君は自分の師匠筋にあたる宮沢俊義のことすらわかっていないのです。学問としてなっていない。

もう一つ木村君が強く主張しているのは人権には制限がないということ。本気で信じているのでしょう。

「完全な自由は最も不完全な自由である」とはルソーの言葉です。これを宮沢はわかっていました。宮沢はフランス憲法の専門家でもありましたから、よくわかっていた。わかっていながら、転倒させた。しかし、まだ一定限度、踏みとどまっていた。ところが、今、憲法学はそれすら否定しているのです。その世界で生きている。

はすみ　でも現実には個人と個人が自由と自由を主張し合ってぶつかり合ったら、誰かが止めて我慢させなきゃいけませんよね。

倉山　それを宮沢はわかっていた。ところが芦部から今に至る憲法学者は逃げ回っている。

はすみ　それ議論しないで、憲法学って何を議論するんですか?

倉山　だから、はっきり言います。**木村草太君。君は宮沢憲法学から勉強しろ!　今のままだと芦部憲法学の劣化コピーにすぎないぞ!**

フェミニズム芸人、田嶋陽子

一九四一年生まれ。津田塾大学大学院博士課程修了。元法政大学教授。元参議院議員。女性学研究家。英文学者。最近は歌手としても活動

倉山　次は田嶋陽子《たじまようこ》さん。

はすみ　**あの人ほど女性であることを満喫している人はいないと思います。**

倉山　ある意味、あんなに女を武器にした人、いないですよ。

これね、田嶋さんには当てはまらない一般論で別の話ですが、「私、中身女だから」と言ってる女は、一〇〇パーセント、女を武器にしていますね。

はすみ　武器は武器として利用してもいいのですが、それで女権活動しちゃいけないと思う。女を使っておいて男女同権ではダブルスタンダードですよ。

倉山　やっぱり、「マーガレット・サッチャーを見習え」ですよ。

はすみ　「この中に男は私しかいないのか！」

倉山　日本では有名なそのセリフ、実は自分で言ったわけではなく、当時ささやかれたジョークだったようです。

はすみ　イギリスは、どんだけ男尊女卑なんだか。

倉山　サッチャーは女として男の社会に乗り込んでいって男の決めたルールに従って勝った。全人類史的に素晴らしい人ですよね。さりながら、子育ては失敗したと自分で言っています。

はすみ　すべてを手に入れることはできないということでしょうね。

でも、男の社会に入ってきて、女のルールに合わせろというフェミニストたちの考え方はおかしい。そういう意味ではサッチャーさんはちゃんと男のルールに則《のっと》って勝っているのだから潔いですよね。

倉山　それにしても、妻として母として社会人として三つを全部鼎立《ていりつ》した人っているのかなあ？それが難しいから昔は「女は家庭に」と男女分業があったんですよね。男にしても、父として夫として社会人として三つ全部成功させた人など、なかなかいませんよ。奥さんが家庭をこなしてくれるから夫も仕事ができるのであって。逆に、男が家庭にいればいいのかと。

私だって、私の代わりに稼いでくれる人がいたら専業主夫やってもよかったですが。そういうことを言うと、そんな男らしくない男はイヤだと女性は言うわけです（笑）。せめて兼業主夫じゃないと女の人は納得しない。じゃあ、どうせえってんの？（苦笑）。

はすみ　私は養ってもらえるんだったら、家族のために掃除や洗濯したり、ご飯を作ったり、そうやって毎日毎日忙しくするっていうのも悪くないなあ。

倉山　ものすごいお金持ちの旦那がいて「家事と子育てをやってくれたら、好きなときに好きな仕事だけをやっていればいいよ」と言ってくれるというのが、はすみさんの理想？

はすみ　そうそう。それに、私、料理は好きなのですけど、掃除はしてね（笑）。ものすごく都合がいいこと言ってる。

倉山　それなら家政フを雇う。

はすみ　家政婦を雇って、自分がやりたい家事はやるけど、やりたくないことはやってもらう。

倉山　家政フの「フ」が「夫」でもいいわけですよね。

はすみ　いいですよ。

倉山　『家政夫パタリロ！』という作品もあります（笑）。

しかし、女の幸せってなんだろう？　男だって幸せになりたいけど、なりにくい世の中です。

さて閑話休題。**「田嶋陽子」はイロモノ**ですね。そういうキャラでテレビに出ているんでしょ。「パヨクってこんなもの」とみんなが思っているイメージどおりで安心感があるんでしょう。今のテレビのプロデューサーは出演者が自分の決めたシナリオの中から飛び出しちゃうのが怖いんです。その点、田嶋陽子は安心なんですよ。

保守も同じでマスコミに出ている人は、やっぱりイロモノ。だから保守代表も××××とか、あんなのが出ていくわけです。

はすみ　ふひひひ。

呆守にしてパヨクの本体、北岡伸一

一九四八年生まれ。政治学者・歴史学者。政策研究大学院大学客員教授

倉山　学者というより芸能人のような人物が続きましたが、ここで大物の登場です。はすみさん、北岡伸一大先生様って、イメージあります？

はすみ　ちょっと不勉強で、あまり、知りません。

倉山　元国連次席大使ですよ。まさに**外務省の親中派**（！）**のアメリカンスクールと、やっぱり親中派のチャイナスクールの両方にいい顔をする男**。今、国際協力機構（ＪＩＣＡ）理事長。そして、戦後七十年節目となる二〇一五年八月に出された安倍談話の草稿をまとめた人です。

はすみ　あっそう！　なるほどね。

倉山　大学院生のときに上原勇作について**博士論文**(※注)を書いて以来、思想転向は数知れず、しかし、一貫して変わらないのが「ウッドロー・

※注：博士論文
北岡の博士論文は『日本陸軍と大陸政策　1906―1918年』（東京大学出版会、一九七八年）。上原勇作（一八五六～一九三三）は第二次西園寺内閣の陸軍大臣。
倉山注：日本近代史を学ぶ学生の必読書ではあるのだが、泣きたくなるくらい読むのが苦痛の本。しかし、彼の本の中では最もまともに読めた。

ウィルソンは偉い」。まさに、「国連」をつくったウッドロー・ウィルソンを褒め讃えているわけです。

はすみ　ウィルソンが国連を作った？

倉山　ウィルソンの提唱で直接生まれたのは第一次世界大戦後の国際連盟ですが、アメリカはこれに加盟しなかったし、国際連盟は、まだウィルソン色は薄いのです。ウィルソンの理想はむしろ第二次世界大戦後に創設された国際連合で実現しています。そのウィルソンの理想に逆らった日本はけしからんというのが安倍談話で北岡大先生様が入れた歴史観です。

北岡大先生様の歴史観は「ウッドロー・ウィルソンが人類の理想社会をつくったのに、生意気な大日本帝国が歯向かったけど、今は従っているから偉い」と。そして、「安倍はおとなしいけど、トランプは本気で潰《つぶ》そうとしているから許せん！」。

読売新聞も北岡大先生様と同じ。ちなみに北岡大先生様、産経なんか相手にしていません。唯一、口をはさんだのが拉致《らち》問題のときで「ここで大騒ぎすべきではない」と。

はすみ　パヨクというか売国奴というか。

倉山　**コイツはパヨクじゃありません。国賊です**。これは私だけが言っているのではありません。二〇一五年五月号の『歴史通』では**伊藤隆**(※注)先生が「北岡君、日本を侵略国家にする気かね」に「曲学《きょくがく》阿世《あせい》

※注：伊藤隆
一九三二年生まれ。歴史学者。東京大学名誉教授。日本近現代

の徒」「売国奴」と書いています。「北岡君、いい加減にしたまえ」という論調です。

はすみ　私みたいな門外漢は歴史学界の状況なんかまったく知らないから、「安倍談話が出た」「北岡伸一が書いたらしい」「許せねえ」と反応するしかないですから。背景を知ると、もっと怒りが湧いてきますが（苦笑）。

倉山　安倍談話に関しては、**中西輝政先生が学者生命を賭けて北岡氏に、かすり傷を一個だけつけることができた。**中西先生は安倍談話に南京大虐殺の数に関する部分に注を入れました。北岡は座長代理として中西さんの意見をその一点だけ入れてあげた。安倍内閣で中西さんが何もできないということは、ほかの内閣では北岡の天下なわけですよ。まさに左上気取りの国賊。

はすみ　そういうのが息絶えてくれないと。

倉山　そうじゃなくて、**本来なら保守が大同団結して北岡討伐をすべきです。**でも、やらないでしょうね。**保守は敵がどこにいるかわかっていない。**

申し訳ないけれども**ショッカー**（※注）戦闘員のようなパヨクの雑魚ども

史が専門。一次史料を重視した実証的な研究で知られる。

倉山注：戦後の歴史学界はマルクス歴史学に則らなければ許されなかったが、伊藤先生は「反共」でも日本近現代史を研究してもよいとの環境を切り開いてくれた。日本近現代史研究では、文字通り「神」のような存在。もちろん学問的な批判はしても構わないのだが、この人の存在を否定することは日本における健全な近代史研究を否定することになる。

※注：ショッカー
『仮面ライダー』は一九七一〜一九七三年に放映された特撮テレビドラマ。制作東映。主人公・本郷猛（配役・藤岡弘）は悪の組織ショッカーに拉致され改造人間とされてしまうが脱走

を相手にするより、地獄大使にあたる北岡を狙うべきなのです。ところが誰も司令塔の役割を果たしている北岡にいっさい攻めて行かない。それで安倍談話なども悲惨なことになってしまう。

集団的自衛権の議論を捻《ね》じ曲げまくったのもコイツですよ。憲法九条下でも自衛権を行使するための戦力（軍隊）の保持と交戦権は認められるとする**芦田修正を全否定したのもコイツ**ですからね。呆《ほ》守《しゅ》がベタ褒めする安倍内閣で正式に芦田修正を否定した、そのときの座長代理です。いつも「代理」。座長は偉い人を立てておいて自分は常に座長代理として仕切るというのがこの人のパターン。

はすみ　裏番長ですね。

倉山　鼎談本『悲しいサヨクにご用心！～「あさま山荘」は終わっていない～』でも杉田さん・千葉さんとパヨクを叩きまわりましたが、その本で扱った連中は、つまるところ北岡の戦闘員です。せいぜい、レギュラー怪人。蜘蛛《クモ》男とか蝙蝠《コウモリ》男レベル。

北岡大先生様は、何かの間違いで吉野作造のひ孫弟子。吉野の弟子の弟子の弟子。吉野作造賞も受賞しています。毎年、予想したら一〇〇パーセント当たると評判の吉野賞、パヨっぽい保守、あるい

し、「仮面ライダー」に変身して ショッカーと闘う。

ショッカーは謎の首領に操られていて、その配下には大幹部、怪人、ショッカー戦闘員の序列がある。大幹部はゾル大佐、死神博士、地獄大使の三人がいるが、そのうち「地獄大使」は幹部の中でも作品中に最も多く登場している。大幹部らは、毎回、異なる「怪人」を仕向け、仮面ライダーと闘わせる。戦闘シーンでは、まず下っ端のショッカー戦闘員が集団で仮面ライダーに襲いかかり、最後に怪人が仮面ライダーに倒されてハッピーエンドとなる。

ショッカー戦闘員は全員同じ骸骨模様の黒いレオタード姿だが、怪人は個性豊かである。蜘蛛男は節足動物のクモ、蝙蝠男はコウモリを思わせるコスチュ

は、保守気取りのパヨクが取るのが吉野賞です。

はすみ　北岡伸一が敵の本体ですか。チェックしておきます！

倉山　結局、ほかのパヨクは北岡思想に則ってやっているのです。**北岡は権威主義者・権力亡者なので、単細胞保守（呆守）っぽいことを言うけれど、本質はパヨク。北岡マイナス呆守がパヨクと考えてもいいです。**今の日本の体制側が反日だから、そっちに乗っている。「朝鮮人に謝れ」と言い出した東大教授でもあります。「私は保守ですが、朝鮮には悪いことをしたと思います」と。**お前、保守でもなんでもねえだろ！**

日中歴史共同研究委員会でも「南京大虐殺がなかったなどという学者は日本人では一人だけだ」と中国人に言い切る。そりゃそうですよ。認めないと教授にさせないんだから。ちなみに、その一人とは**東中野修道**（※注）さんです。

「集団的自衛権に対して九九パーセントの憲法学者が違憲だと言っています」というのも背景は同じで、合憲と言う人を教授にしないし、思っていても言った瞬間に抹殺されるのです。

そうやって無理やり作った多数ですから、独裁国の内閣支持率み

ームに身を包んでいる。

ちなみに仮面ライダーはバッタがモデル。その他怪人も昆虫や動物の名前がついているものが多い。

倉山注：推奨図書として、平山亨『私の愛したキャラクターたち』（朝日ソノラマ、一九九八年）を挙げておく。東映の平山氏は仮面ライダーシリーズをはじめ、多くの東映特撮ヒーロー番組でプロデューサーを務めた。

※注：東中野修道

亜細亜大学法学部法律学科教授。南京事件に関する著書多数。

倉山注：歴史学者と認められていない。政治学者がタマタマ、南京事件に関して研究発表したという扱い。「ゼロ」と言わずに「一人」と言うのが、彼らの手口。

たいな話ですよ。日本の学界は北朝鮮の最高人民会議や中国の全国人民代表大会と一緒です。中国でも北朝鮮でもいちおう野党らしきものをカモフラージュとして残していますしね。

ダブルスタンダードな東京《トンキン》大学教授、加藤陽子

一九六〇年生まれ。歴史学者。東京大学教授

倉山　東大法学部代表が北岡伸一なら、文学部代表は加藤陽子ですかね。加藤陽子と言ってピンとくるものがありますか？

はすみ　う～ん、あんまりイメージ湧きませんね。

倉山　古市はテレビに出る人ですが、加藤陽子はいわば岩波書店のスターです。岩波は加藤陽子をアイドルに押し立てて生き残ろうとしています。それで、全国の図書館が加藤陽子の本を買うから、ソコソコのベストセラーになるわけです。**東大文学部教授、南京大虐殺四十万人。**

はすみ　さらっと数が増えていますね。

倉山　いつの間に十万人、増えたんだ!? **北京大学・南京大学すらも目が点になる。東京《トンキン》大学教授と言われています。**商社などの人が中国に行って、ひどい目に遭わされても、「日本は南京大虐殺をやっただろう」の一言で何も返せない。日本の大学教授の本を読んだら、陽子ちゃん

ですよ。日本人が一番多い数字にして広めている。

はすみ　**結局、いつも日本人発なんですよね。なんでもかんでも日本人が言い出しっぺで、それに外国人が悪乗りして「そうだオレたちはやられたんだ」という話になって。**

倉山　そうなのです。元の教科書問題がその構図でした。中国には鄧小平《とうしょうへい》、韓国には全斗煥《チョン・ドゥファン》大統領、中韓両方が比較的親日という奇跡のような状況で教科書問題をしかけられて、それに乗っかっているのがこの人です。

加藤は国際法が全然わかっていないのに国際法を語る。そもそも犯罪と不法行為と約束違反の区別がついていません。日本人の約束違反をさも犯罪であるかのように言うのに、通州《つうしゅう》事件のような中国人の凶悪犯罪はスルー。詳しくは『国際法で読み解く世界史の真実』（ＰＨＰ新書、二〇一六年）をご参照ください。そういう**ダブルスタンダードが甚だしい歴史学者**ですね。

はすみ　あはは。

倉山　北岡伸一や加藤陽子には言論や学問に命を懸けるなどという発想はありません。学者とは地道な研究と真摯《しんし》な議論によって真実を追究する人々であると思っている人が多いかもしれませんが、果たしてどうだか。

はすみ　本章ではフェミニズムの親玉に始まり、パヨクの本体まで行き着きましたが、次章では組織的なパヨクの活動について話しましょう。

第六章

モノホン・パヨク

国 連
United Nations
recommendation menu
オススメ メニュー
個人《こじん》通報《つうほう》制度《せいど》と死刑《しけい》制度《せいど》廃止《はいし》がおススメです
え…嫌《いや》だよ
おススメされてるんだから絶対《ぜったい》食《た》べなさい！

変態官僚を生み出す変態官庁、文部科学省

倉山　本章は、これを知らずにパヨクは語れないし、パヨク攻撃も空振りに終わってしまう、本家本丸のモノホン・パヨクについてです。知られざるパヨクの恐ろしさ、愚かさ、とんでもなさについて話していきましょう。

はすみ　パヨクの定義は反日左翼。というより、実は、右も左も関係なく反日。そのパヨクを生み出す大本とも言っていいのが文科省です。

第一章と第四章で国連の話をしましたが、文科省もこの国連を利用しています。パヨクと国連の関係については第一章でお話ししましたので、ここでは簡単にまとめます。

パヨクが問題を捏造《ねつぞう》→パヨク新聞が提灯《ちょうちん》記事を書く→マスコミが大事件として報道→日本国内で社会問題化→「問題」を捏造した当のパヨクNGOが国連へ→日本政府への国連勧告という流れがあります（四二ページ図参照）。

そして、パヨクがNGOを通じて国連へ訴える際にはパヨク新聞の提灯記事を「証拠」として提示しながら、女優などを使って涙の訴えをするのです。

倉山　昔の**宋美齢《そうびれい》**(※注)と同じですね。

※**注：宋美齢**
蔣介石《しょうかいせき》の妻。アメリカ留学経験があり英語に堪能《たんのう》で、第二次世界大戦中は中国の窮状を訴え、

はすみ　そうです。すると国連が「それは大変。日本政府に改善勧告を出さねば」となるわけです。ちなみに国連の「勧告」は命令ではありません。〈ご案内〉や〈インフォメーション〉のようなものです。「こうしたらあなたの国はもっとよくなると思いますよ」と、せいぜいその程度のものなのです。

倉山　アドバイスですよね。

はすみ　それなのに、日本のマスコミの報道を聞いていると、まるで命令されたかのようです。国連の勧告を受けたのだから是正しなければならないと。

倉山　なにやら法律であるかのごとく。

はすみ　そういう論調で報道するから、一般の人々は命令されたかのように誤解しているのです。

　そんな世論の高まりを受けて日本政府が動きます。例えば第四章で話したジェンダー・フリーの問題では総理府に男女共同参画室および男女共同参画審議会ができました。現在の内閣府男女共同参画局です。対策室ができると「仕事をしています」アピールができ、それまでヒラだった職員が室長になれるなど、出世のバリエーショ

アメリカからの援助を引き出した。

　長姉の靄齢《あいれい》は大財閥の当主で政治家の孔祥熙《こうしょうき》の妻、次姉の慶齢《けいれい》は孫文の妻。後にモスクワ在住、蒋介石が毛沢東に敗れてからも北京で中国共産党の大幹部に。

倉山注：その三人をこれでもかと美化した映画が『宋家の三姉妹』。中華ナショナリズム炸裂《さくれつ》の作品なのだが、そこはチャイナクオリティー。歴史の知識があり背景を知っていると、三分に一回は爆笑できる作りとなっている。生涯で見た最高のコメディー。

　ちなみに公開時に映画館で見たが、明らかに中華系の人たちのすすり泣く声が聞こえたので必死に笑いをこらえ、二回目はDVDで見た。

ンが増えます。

だから役所としても、なんらかの問題があったほうが好都合なのです。国連からの勧告など、いい機会で、**何げに日本政府もパヨクたちとは、案外悪くない関係**になっているのです。

以上、簡単にパヨクと国連と日本の役所の関係についてお話ししましたが、本項で問題なのは文科省です。国連から勧告が出ています。「日本の歴史的罪悪をもっと日本政府は学校教育の一環として国民に継続的に教育しろ」と。

勧告を受けた日本政府、特に文科省は、『多文化・多民族共生教育の原点』（明石書店、二〇〇八年）という本を学校の副教材に取り入れました。

文科省が各学校や教育委員会に「みなさん、こういう副教材があるので、ぜひ使ってください」と推進しています。この本は韓裕治・藤川正夫が監修、「兵庫在日韓国朝鮮人教育を考える会」および「兵庫県在日外国人教育研究協議会」が編者となっています。

「多文化・多民族共生」とは日本国内の多民族化を図る動きです。「差別をなくせ」ともっともらしいことを言いながら、在日の人々の日本化を促進するのではなく、彼らに対する日本人側の配慮を促すのが本の主旨です。

なぜ文科省がこのような反日的な教育をするのかと思ったら、国連の勧告を受けて「対策」しているのです。

倉山　しなければいいのに。

はすみ　そう。しかし、パヨクNGOが日本政府にさせているのです。

また、徴用工に関する研究に、文部科学省から大学の研究費としてお金が出ています。

「市民による歴史問題の和解をめぐる活動とその可能性についての研究」（東京大教授　外村大ら、経費三八〇九万円）、

「戦時期朝鮮の政治・社会史に関する一次資料の基礎研究」（京都大教授　水野直樹ら　同一七二九万円）、

「朝鮮総動員体制の構造分析のための基礎研究」（立命館大学准教授　庵逧《あんさこ》由香、同二八六万円）

（産経新聞二〇一七年十二月十三日朝刊一面〈「徴用工」に注がれる科研費〉）

平成29年12月13日水

日経・読売・朝日・産経・毎日・東京（朝・夕）1面

「徴用工」に注がれる科研費

歴史戦　第19部　結託する反日

「KAKEN」という題学が蓄かれたデータベースがある。文部科学省および同省所管の独立行政法人・日本学術振興会が交付する科学研究費助成事業（科研費）により行われた研究の記録を収録したものだ。

ここには次のような情報が掲載されている。

「市民による歴史問題の和解をめぐる活動とその可能性についての研究」（東京大教授　外村大ら、経費3809万円）、「戦時期朝鮮の政治・社会史に関する一次資料の基礎的研究」（京都大教授　水野直樹ら、同1729万円）、「朝鮮総動員体制の構造分析のための基礎研究」（立命館大准教授　庵逧由香、同286万円）＝肩書は当時。単年度もあれば複数年にまたがる研究もある。

外村、水野、庵逧の3人に共通しているのは、3月25日に長野県松本市で開かれた「第10回強制動員真相究明全国研究集会」で「強制連行・強制労働問題」について基調講演などを行ったということだ。

外村は2015（平成27）年に国連教育科学文化機関（ユネスコ）の世界文化遺産に登録された長崎市の端島（通称・軍艦島）を含む「明治日本の産業革命遺産」について論じた。

「ごく一部の新聞、産経新聞だが、（軍艦島で）楽しく暮らしていた。朝鮮人とも仲良くしていた（と報じた）。個人の思い出は尊重するが、朝鮮人は差別を感じていた。強制かそうではないかの議論は不毛だ。本人が強制と考えたらそれは強制だ」

研究会は徴用工問題に取り組んでいる「強制動員真相究明ネットワーク」などが主催した。同ネットワークは11月末、韓国の市民団体「民族問題研究所」とともに「『明治日本の産業革命遺産』と強制労働」というガイドブックを作成した。産業革命遺産の登録申請は従来の文化庁主導と違って「官邸主導ですすめたという点が特徴」としたうえで、次のように記した。

「誇らしい歴史だけを記憶するという、反省のない歴史認識は、再び日本を戦争ができる国にするためのプロジェクトと連動しています。『明治日本の産業革命遺産』の物語もこの一環とみられます」

政府関係者によると、科研費の審査は3人一組で行い、総合点で上位の申請が選ばれる。「自然科学分野と違い、歴史学はどうしても思想的な偏りがある」と、この関係者はもらす。

16（同28）年度には九州大教授、三輪宗弘の「第二次世界大戦期の労働力動員—朝鮮人の炭鉱への徴用を中心にして」（377万円、18年度まで）が認められた。徴用問題について長年研究している三輪は「炭鉱現場などで制度上、日本人と朝鮮半島出身者の間に差別はなかった」と主張するなど、外村らとは立場が異なる。

「KAKEN」にあるデータのなかで、三輪の研究のようなケースは少数である。むしろ、韓国や同ネットワークに同調する人物が今年1月まで文科省の事務方トップだった。

（敬称略）

「本人が強制と考えたら それは強制だ」

国の科学研究費助成事業で行われた研究事例

研究課題	研究代表者	配分額（交付内定額）／研究期間
戦時期朝鮮の政治・社会史に関する一次資料の基礎的研究	水野直樹　京都大教授	1729万円／2013～15年度
現代韓国の安全保障・治安法制の実証的研究	徐勝　立命館大教授	2106万円／2002～04年度
市民による歴史問題の和解をめぐる活動とその可能性についての研究	外村大　東京大教授	3809万円／2017～21年度
植民地動員から観た日本の近代化過程と統治合理性 ―戦時総動員体制を中心に―	亘明志　長崎ウエスレヤン大教授	520万円／2012～14年度
朝鮮総動員体制の構造分析のための基礎研究	庵逧由香　立命館大准教授	286万円／2010～12年度

※所属、肩書は助成当時

3面に続く

「徴用工を日本に強制的に連れてきて奴隷として使った」という歴史教育をするために、かなりの予算が流れているのです。

倉山　その研究費、オレによこせや！　一回ももらったことがないですよ。申請すらしてないからですが（苦笑）。

はすみ　そして、去年（二〇一七年）から加計学園問題や出会い系バー通いで有名になった元文部事務次官の前川喜平さんですが、この人も徴用工などについての情報センター・資料館のようなものを造ろうと動いていました。前川さんたちは韓国の言い分を大幅に取り入れる方向での資料館を、九州など西のほうに建設したかったようですが、政府側は日本側の主張に則《のっと》った施設を東京に置くと、両者の意見が対立したことがありました。それで、前川さんは安倍ちゃんが気に入らない。

倉山　前川さんは確信犯ですからね。

はすみ　この人は前々からシールズのデモに出て、パヨったスピーチをしたり。

倉山　典型的なパヨクであり鉄砲玉。自分が鉄砲玉になってもいいと思うぐらいパヨク。確信犯。官僚でここまでの左翼はなかなかいませんよ。権力よりも思想に殉じたという珍しい人。

はすみ　そうですね。そういう意味では最近、文科省もパヨっているというところに注目！

倉山　もっと最近は、逆に安倍さんに媚《こ》びはじめていますよ。五年前までは、確かにパヨった連中揃いでしたが、安倍さんが長期政権になりつつあるので、そっちに媚びる側も出てきている。

だから、前川さんみたいに自分の権力や地位よりも思想に殉じる人は、大変に珍しい。

はすみ　完全なパヨクですね。

倉山　若宮だって、これをやってないですからね（第一章、朝日新聞の項を参照）。朝日新聞社員で職を捨ててでも言論に殉じる記者なんて見たことないですよ。戦後、一人もいないですからね。

「歴史」は選択科目でいい

倉山　文部省といえば教科書。これについては第一章でも取り上げましたが、私、日本史を必修にするのをやめたほうがいいと思うのです。あんなものを教えるのなら数学の時間を増やしたほうがいいです。

はすみ　数学は嘘をつかないですからね。歴史は解釈の違いがあります。かといって年号や事実の羅列だけ覚えるのは苦痛ですよ。

倉山　だから歴史は選択でいい。好きな子だけ勉強する。**今の教科書で必修にしてどうするのだ**と思いますよ。**それなら「チャンネルくらら」を見ろ！**　私はそのために、「チャンネルくらら」を開設したのですから。**文科省が指導する学校教育なんぞになんの期待もできません**からね。「学校教育を正せ」って言っても無理です。どうやったら正せるのか見当がつきません。

最も廃止すべきは現代文。高校入試で出題されるのは執筆者の誉《ほまれ》ですが、大学入試の現代文問題に採用されるということは義務教育を終えた人間がわからないようなわけのわからない文章ということですからね。そんなものを教える高校現代文など即刻廃止していいぐらい。一番有害な科目です。

また、大人になってから学んだほうがいいと思うものもあります。『源氏物語』は十代の中高生より、ある程度人生経験を積み、熟年になってから読んだほうがいい。

日本史・世界史は、先ほども言ったように、今の内容で教わるのなら、必修から外して勉強したい子だけ学べと。

現行の地理は無味無臭でつまらない。害はないけれど、本来おもしろいはずの地理学を、よくもここまでくだらなくできるなと。

結論、初等教育は理系偏重でいい。

はすみ　読み書き算盤《そろばん》ですね。

倉山　そう。読み書き算盤が基本です。そして、多少理系偏重ぐらいでちょうどいいと私は思います。

今の丸暗記「社会」など削って体育の時間を増やしたほうがいいかもしれません。

はすみ　そうですね。

倉山　オリンピックを目指すような競技スポーツではなく、国民全体の基礎体力をつける方向へ持っていく。

はすみ　そうしたら医療費もだいぶ安くなるんじゃないですか。

倉山　藤岡さんとかに悪いけれど、教科書を正そうと言っても正すイメージが湧きません。一応、つくる会を弁護しておくと、第一章で話したように、こちらが勝つのではなくて敵を潰《つぶ》す戦いをしている。そこは藤岡さん、元共産党だからよくわかっています。

ちなみに**戦前の日本の教育システムはヨーロッパ型**でした。中学と高校の差が大きく、両者は別世界でした。今の日本の大学一～二年生の教養課程のようなことを高校から始めたのです。そのため、科目構成が現代日本とはだいぶ違います。フランスのアンリ四世高校にしてもイギリスのイートン校にしても、そこから将来エリートになる人間を育てるということなので、高校から高等教育なのです。

はすみ　高校って〈高等〉学校ですもんね。

倉山　本来は（笑）。

ところが、**戦後はアメリカ型の教育システムに移行**しました。小中高が初等教育で大学からが高等教育。今の高校は中学の延長であり、かつ、大学入試の準備機関。だから高校と大学の間に深い溝があります。小中高大のうち一番ダメなのが高校です。大学入試のための受験勉強をしているだけ。

アメリカは人工国家だから高校までかけて愛国心を教えてアメリカ国民にします。それも

「ポリティカル・コレクトネス」(※注)**で怪しくなっていますけど、一応、そういう建前です。一方、日本の場合は、高校まで初等教育をやっていて、愛国心を育てないわけですよ。**

はすみ　なんのためにというところですね。

倉山　**理由は簡単で、白痴化するため。**

はすみ　くわっ。

倉山　中高一貫校を増やそうという動きがありますが、やらなければならないのは、むしろ高大一貫です。ところが、早稲田、慶應、中央、法政、立教、明治、どこも高校と大学がつながっていない。

はすみ　そう言われてみればそうですよね。

倉山　全学、罪が重いですよ。**高校と大学がある学校法人は高大一貫に取り組むべき**です。

　帝国大学は旧制高校と一体だったのです。戦前の大卒は今でいう大学院卒業生に相当します。卒業時に二十六～二十七歳。人生五十年時代ですから、大卒には相当の権威がありました。一方、一橋大学や神戸大学は、その昔、それぞれ東京商科大学・神戸商業大学といい、専門家養成学校でした。そのほか私立にもそれぞれ特色があ

※注：ポリティカル・コレクトネス（ＰＣ）
　政治的な観点から見て正しい用語を使おう、差別を助長する言葉を使わないようにしようというのが元々の考え方だが、特にアメリカではその行き過ぎが問題となっている。例えば宗教的表現であるとして「メリークリスマス」を「ハッピー・ホリデーズ」と言い換えるなど、伝統や文化の否定であるという意見も多い。
倉山注：そういえば、ジェームズ・フィンガーナー『政治的に正しいおとぎ話』（訳デーブ・スペクター他、ディーエッチシー、一九九五年）なんて本もあった。行き過ぎたＰＣへのコメディー。

りました。慶應は財界人になりたい人。早稲田は政治家かジャーナリストになりたい人が入学しました。

ところで、現在の東大を頂点とする一元化した偏差値ヒエラルキーができたのは戦後のことと一般的には思われていますが、実は違います。その根源は大正時代の原敬《はらたかし》にあるのです。悪いものが何もかもマッカーサーのせいなのではありません。原敬内閣時代に、それぞれ特徴があった大学を一律化していったのが始まりだったのです。

一文でまとめます！　**大学をダメにしたのは原敬で、高校をダメにしたのがマッカーサーで、小中をダメにしたのがゆとり教育。**

学制が変わったのは戦後ですから、マッカーサーも悪いけれど、マッカーサーだけが悪いわけではない。それだけで一冊の本になりそうです。いや、もっとかな。

弱者ビジネスを営む悪徳弁護士に金をバラ撒《ま》く内閣府男女共同参画局

はすみ　文科省のついでに内閣府にも触れておきますね。先ほどジェンダー・フリーの問題で対策室ができたことに触れましたが、現在、内閣府男女共同参画局というところが扱っています。ジェンダー・フリーや男女共同参画問題に割かれるその総予算は、国と地方を併せて年間約九兆円と言われています。そこからＤＶ防止法とかも。

倉山　ああ、それはぜひやったほうがいいと思います。

はすみ　**DVは確かに問題ですし、対策は必要です。しかし、問題はその予算の使われ方です。NPO法人の仲介で、左翼系弁護士に予算が流れているのです。**それで、彼らが何をやっているか。

日本では、婚姻中の両親には共同親権があるのですが、離婚すると両親のどちらかに親権が移動し、合意がなければ裁判で争うことになります。ところが、片親がある日突然、子どもを連れて家から出てしまうと、結婚していても、残された片親は子どもと会えなくなってしまいます。探しても見つからない。見つからないというより警察も役場も、親類縁者もあえて教えてくれない。いろいろ探った結果、なんと自分はDV加害者にされていた。と、そんなケースもあります。DV加害者になってしまうと、被害者とされている女性（まれに男性）と子どもを保護するために、いっさい会うことはできないのです。それでは裁判にもなりません。

弁護士に聞いたところ、そういう状態が続いてから裁判に到ったとしても、結局、現状親権といって、子どもにとって現在の状態が今後続くことが一番望ましいとの判決が出るケースが多いそうです。つまり、親権は連れ去った側のものになってしまいます。

ここで、DVが事実なら、以上のことは必要な措置でしょう。しかし、裁判事情に詳しい悪徳弁護士があえてクライアントに連れ去りをそそのかす場合があり、それが問題なのです。**いわゆる被害者ビジネスの一種**ですね。パヨク全体の中で、前川さんのようにイデオロギーで反目的な言動をする人は実は珍しくて、お金のために被害者ビジネスを行っている連中がほとんどだと思います。

倉山　弁護士の食い扶持ですからね。

はすみ　**してもいないDVをでっちあげる場合もある**わけです。

倉山　ジェンダー・フリーで女性のほうが強くなっていますからね。

はすみ　DVというと男性が女性に暴力を振るうものと思われているかもしれませんが、逆のパターンもあります。同様に、被害者ビジネスとしても、女性側が無実のDVで加害者扱いされることもあるわけです。この件の場合、妻が子を連れ去るケースのほうが多いですけど。

倉山　いろいろですよね。悪辣《あくらつ》な社会になったということですよ。

はすみ　国際結婚の場合は海外と絡む問題です。

ハーグ条約では離婚した場合も共同親権を認めていて、このハーグ条約を日本も署名しています。つまり片親が養育していても、もう一方の親にも親権があるのだから、子どもと会わせなくてはいけないのです。国際結婚したけれど結局は別れて、子どもを連れて日本に帰ってくる。そして、そのまま行方《ゆくえ》をくらませてしまう。これは相手方の外国人からするとハーグ条約違反です。この件についても国連から「子どもの連れ去りをなんとかしろ」と勧告を受けているのです。これもパヨクのしわざですよね。

倉山　それに対抗するには、金銭面や将来の生活への不安で脅して、被害届を取り下げさせ、さも何事もなかったかのような生活を世間にアピールする。

はすみ　そこに落ち着きますか？

倉山　そういう悪辣な対抗手段をやらざるを得ないぐらい、パヨクのやり方も悪辣ですね。**結局、ＤＶをでっち上げる悪辣なパヨク弁護士もいれば、「ＤＶしていません」とでっち上げる悪辣な呆守もいる。結局、男も女も関係なく、右も左も関係なく、どちらの側にも悪辣なヤツがいるし、悪辣なやり方があるということですね。**

はすみ　もちろん。おっしゃるとおり。ただ、ＤＶは冤罪が三割あるという話です。

倉山　冤罪じゃないのもありますけどね。

はすみ　冤罪の中のほとんどの場合は浮気がバレそうになって、先に相手が暴力をふるったのだと主張する。要は自分側に不貞があると、離婚になったときに不利になりますので。

倉山　原則として、「ＤＶされた」と主張するのは女の側で、例外的には男もいる。一般論では、どちらが悪いと言いにくい問題で、そういうことは個別具体的に見なければわからないですけどね。ただ、そういう悪徳弁護士による被害者ビジネスの食い物にされている人がいるのは間違いありません。

はすみ　一番の不幸は子どもですよ。本来なら仲良く暮らしているはずの家族がバラバラになってしまうのですから。それに、弁護士は子どもの証言すら利用します。誘導尋問です。

倉山　奥さんを精神病患者に仕立てるケースもありますね。あるいは、虚言癖だと言いふらす例も知っています。要するに自分がDVをしときながら、世間体を守りたいがゆえに、相手を悪者にする。

はすみ　中には、「子どもがアスペルガーの診断が出たからあなたに会わせられない」などとわけのわからない理由をつけてくる奥さんがいるらしいですよ。だから何だという話ですよ。

倉山　本当に個別に見なければわかりません。個別具体的な事情を抜きにして一般論で語ってはダメだということです。一般論としては、パヨクの食い扶持になっている人がいる、パヨクにはこういう手口があるということをセオリーとして知っておくべき話です。

はすみ　痴漢みたいなもので、DVもよくよく中身を見てみないと、わからないですよ。

法務省人権擁護局、実は人権抑圧局。オマケで日弁連

倉山　役所関連パヨクの続きですが、法務省人権擁護局が二〇〇二年に人権擁護法案なるものを出したようですが。

はすみ　国連からも人権擁護法案を推進しろとの勧告が出ています。

倉山　人権擁護局とは聞いてあきれます。実名を挙げますが、当時の**法務省人権擁護局課長の門野坂修一**のことは忘れません。**「家族が北朝鮮に拉致《らち》されているのです」と陳情する横田夫妻と蓮池《はすいけ》透さんに向かって「そんなのは戦争をやらなきゃ取り返せないんだ！」と門前払いした。**

お門違いだと。

はすみ　現実、戦争時のどさくさ以外に、取り返せる手段はありますか。

倉山　小泉さん、取り返しました。

はすみ　それ以降ですよ。

倉山　**小泉さんがなぜ拉致被害者を取り返せたかというと理由は二つ。一つは二〇〇一年に九・一一テロが起きたときに即座にアメリカに支持を表明し、インド洋に海上自衛隊を送って同盟の義務を果たしたこと。そして、もう一つは同年年末には北朝鮮から不審船がやってきたときに沈めて晒《さら》し者にしました。国家意志として一人も返さなかったら殺すぞということを、力で示したので向こうが交渉に応じたわけですね。**北朝鮮相手に話し合いなんか通じません。

はすみ　そうですよね。

倉山　北朝鮮は絶対戦争になると思っておそるおそる被害者の一部を返したところ、日本が無理やり理由を見つけて戦争をしないうちにイラク戦争が始まって、取り返せなくなってしまいました。北朝鮮としては、アメリカが来なくて助かったと。

門野坂修一さんは横田滋さん、早紀江さん、蓮池透さんを前にしてよく言えましたね。「戦争をやらなきゃ取り返せないんだよ」じゃ、人権抑圧局ですよ。

これ、私はその場にいたんで。だいたい、名刺をもらったんで実名を言える。

ところで、法務省人権擁護局もひどいですが日弁連の**小堀《こぼり》樹《しげる》会長**（当時）はこう言い切りました。**「拉致問題、大変な人権問題だとわかりました。でも、ウチはいろいろな弁護士さんがいるので、特定の思想信条に偏った活動はできないんです」**。

小堀樹は拉致問題について「最大の人権問題だ」と個人としては思うと、横田さん、蓮池さんに同情するポーズを見せたけれども、実際には何もやらない。そして**門野坂修一**はもっとひどくて、「戦争やらなきゃ、取り返せないんだよ。とっとと帰りやがれ！」でした。

はすみ　どいつもこいつも……。

日教組にまさるとも劣らないパヨクの巣、自治労

倉山　しかし文部省よりも法務省よりも日弁連よりもパヨクなのが自治労（全日本自治団体労働組合）です。日教組《ひきょうぐみ》のお友達。みんなが想像する民主党は日教組と自治労。そういえば、私は小沢一郎のことを「おざわじちろう」と呼んでいました。

先日、「チャンネルくらら」に『自治労の正体』（扶桑社新書、二〇一七年）の著者である森口朗さんをお呼びしたのですが、**「保守も日教組は叩くけど、自治労のことは知らない」**と強調していました。

はすみ　私も知らないですよ。教えてください。

倉山　まあ、一言で言うと不愉快なヤツらですよ。金に汚いのです。

はすみ　嫌ですねえ。

倉山　自治労には日教組と同様に専従職員がいます。**自治労は自治体に寄生する連中です。「史上最低の政党」を長らく独走していた社会党の支持母体。**そもそも社会党がどうして左傾化したかというと、自治労に組織を握られたからです。自治労に媚びないと当選できない。それで、実は改憲政党であった社会党がいつの間にか護憲政党になってしまった。

はすみ　社会党が改憲政党だということを知っていましたか。知らなかった。そうだったんですか。

倉山　社会党を結党したときはそうだった。天皇陛下万歳で始まっています。

はすみ　それは聞いています。

倉山　天皇陛下万歳で始まった党ですから、どうせこんな憲法、いつか捨てるだろうと思っていたのですが、条件闘争で護憲を主張しているうちに、選挙の票を自治労に握られたので本当の護憲政党になってしまった。

自民党の派閥抗争だけを見ていると、自民党以外の日本の政治はわかりません。民主党は実は社会党の派閥抗争をそのまま引き継いでいるのです。社会党の最強派閥は国会議員が十人しかいない向坂《さきさか》派。この派閥を率いる向坂逸郎《さきさかいつろう》は単なる九州大学教授ですが、組織を握っているので強かった。

はすみ　へえ。

倉山　その組織の中核が一に自治労、二に日教組。

はすみ　はあ。

倉山　国会議員が十人ぐらいしかいない派閥なのに、社会党議員は自治労・日教組という集票マシーンに頼らないと当選できないので、議員個人の思想信条に関係なく、向坂さんから降りてくる指令に従うという恐ろしい構図だったのです。だから、あの人たちにとっては派閥における国会議員の数など関係ありません。そういう状況では議員より秘書のほうが偉くなる。

はすみ　え〜。

倉山　つまり、議員と秘書の関係は、赤軍における将軍と政治将校の関係なのです。党中央から議員（実際に動く人）を監視するために送られた秘書（口を出す人）のほうが偉い。だから、社会党に陳情に行くときは、秘書さんがいるときに行かなくてはいけない。これに関しては共産党や公明党はもっとひどいのですが。

それで、**社会党がだんだん先細りになり、まじめな人が政権交代できる野党をつくらなければならないと民主党をつくったときに自治労がドド〜ンと一緒に乗り込んでいって、党を乗っ取ってしまった。**それの利益代表が仙谷《せんごく》由《よし》人《と》。

はすみ　なるほどね〜。仙谷さん、元気ですか〜。

倉山　でも、脱原発をまじめにやらなかったので、組織の裏切り者呼ばわりされて、その仙谷すら粛清の憂き目に遭う……というのがザッと話した自治労の歴史。

はすみ　なるほどね〜。とってもわかりやすい！

倉山　みなさん、こういうこと、わかった上でパヨク叩きをやっているのかな。あんまりわかっている人、いないよなあ。

はすみ　あまりいませんね。私にしても、出てきた目立つヤツをモグラ叩きみたいにピュンピュンと叩いているだけです。**モグラ叩きの台の下の巣がどうなっているのか、**そこまでは考えが至ってなくて。

倉山　**まさにそのモグラの巣の中を教えようというのがこの本の狙いです。自治労を叩かないとパヨク叩きにならない。自治労・日教組は、まさに、パヨクのマシーンです。**

はすみ　日教組のことはいろいろな人が非難していますけどね。

倉山　日教組は有名になり過ぎたので、動きが取れないところがありますが、自治労は保守にも食い込んでいる。

はすみ　ああ、そうか。

倉山　自治労算数というものがありまして。自治労は選挙区でだいたい二万票ぐらい持っているんですよ。ただし、その二万票を取るために七万票が逃げると言われている。

はすみ　浮動票が逃げてしまうということですか。

倉山　そう。でも、浮動票は風が吹かないと頼りにならない、自治労に頼ったほうが確実だとふんで破滅した民主党議員が何人もいます。

さまざまな地方自治体には表で保守を謳《うた》いながら、創価学会と自治労に媚びる人がたくさんいます。たとえ票につながらなくても忠誠心を示さないと殺しにくるので、仲良くしておかなければならないのです。

はすみ　組織の力ですね。

倉山　そうなんです。それは結局、旧民社党系が頑張らないから。自治労・日教組に対抗できるのは民社だけなのに、民社の人たちは安易に野党第一党内主流派になる道を選んでいるのです。**春日一幸**（※注）、偉かったなあ。細川内閣のときに春日一幸が生きていたら、血沸き肉躍りましたよ。

というのが、モグラ叩きのモグラの巣の構造です。

はすみ　はあ。なかなか複雑で、付け焼き刃でなんとかなる情報量じゃないですよ。

倉山　だから、こういう本を読んで勉強するの。敵の本体を叩かないと、モグラ叩きだけをやっていても永久に終わりません。

官庁パヨクの話はこの辺で。

※注：春日一幸
元民社党委員長。一九八九年没。演説が巧みであったことでも知られる。第二章参照。

プロ被害者化を推進するピースボート

日本の非政府組織（NGO）。辻元清美ら早稲田大学の学生が一九八三年に国際交流を目的として設立した。この団体が組織する船舶旅行の名称でもある

倉山　次は非政府組織（NGO）について。パヨクNGOの筆頭はピースボート。ピースボート＝辻元清美ですよね。

はすみ　ネット保守論壇では、左翼中の左翼。

倉山　でもあっちの世界では「右翼権力主義者」です。

はすみ　同じ人でも、どっち側から見るかにより評価が変わるということですね。

倉山　はい。土井たか子さんや福島瑞穂さんを捨てて、自分だけ民主党に入り、政府の役職に就き、と批判する極左の人が多くいます。

はすみ　ピースボートって若者を騙《だま》して船に
……言い方を間違えました。「勧誘して」です。

世界一周の船旅の HP

倉山　かどわかして？

はすみ　とにかく**騙すように勧誘して船に連れ込んで世界一周させている間に洗脳完了というイベント。**端的に言ってしまうとそんな感じですが、そのほかに**最近、福島の反原発運動のほうにもピースボートが入り込んできている。**あまり大きな声で言いたくないのですが、そのピースボートが現地入りして原発被害者を**プロ被害者化させている**んです。

阪神淡路大震災のときには、被害者の方々も五〜十年であらかた新しい家も建てるなどして、立ち直りました。

倉山　まあ、五年ですよね。

はすみ　東日本大震災は未曽有《みぞう》の災害と言われていますが、〈自主〉避難とはいえ、避難者が減らない背景には、ピースボートの人が「もう少しここのプレハブに住んでいると、毎月これだけのお金があなたに自動的に入ってきますよ」と入れ知恵している面もあるのです。

倉山　弱者権力ですね。

はすみ　ほんと、先ほどの悪徳弁護士の弱者ビジネスじゃないですが、アドバイザーのようなことをしているのです。

さらに、この間のノーベル平和賞を受賞したアイキャン（ＩＣＡＮ：International Campaign to Abolish Nuclear Weapons「核兵器廃絶国際キャンペーン」）にもピースボート、入っているのです。

倉山　アイキャンもユーキャンも反日（笑）。

はすみ　そう。子どもをかどわかして船で連れ回しているだけじゃないのです。

倉山　結局、辻元清美を尖兵として送り込んでいるわけですよね。

はすみ　ピースボートのほかにも、のりこえネットやヒューマンライツ・ナウという組織もありますが、この三団体は看板が違うだけで、ほとんど同じと考えてもいいと思います。人脈が同じなので。先ほど国連のところで話しましたが、ありもしないことをでっちあげてマスコミに提灯記事書かせて、国連に持っていくというのが、このピースボート、のりこえネット、ヒューマンライツ・ナウの行動パターンです。

ヒューマンライツ・ナウとAV出演強要問題

はすみ　ヒューマンライツ・ナウといえば二〇一六年三月三日、**調査報告書「日本：強要されるアダルトビデオ　撮影ポルノ・アダルトビデオ産業が生み出す、女性・少女に対する人権侵害」を発表**しました。それ以後、ＡＶ出演強要問題が社会問題化されたのです。

倉山　小林よしのりさんのネタがそのまんま実現しました。昔、小林よしのりさんが「じゃあ、ＡＶ女優も性奴隷か！」と書いたのですが、本当にそのとおりになってしまった！

はすみ　パヨクたち、そこからアイディアもらったんじゃないですか。「それだ〜」って。

倉山　周回遅れで、よしりんのネタを本当にやっている。

はすみ　問題のきっかけは、**二百本ものAVに出演していた女優が引退後「強要された」と発言し、その担当弁護士に伊藤和子がついた**ことからです。

倉山　有名な左翼弁護士ですね。

はすみ　伊藤カピバラと言われているパヨク弁護士。その伊藤さんとヒューマンライツ・ナウが大騒ぎし、去年（二〇一七年）あたりからマスコミでも大々的に取り上げられるようになってきたのがAV出演強制問題。「そんなの自分の意志で出ていたんでしょ」と思った人も多いですが、そこで話は終わっていないのです。**なんと内閣府の予算がつきました。**

倉山　予算で広報費を出したという話ですよね。

はすみ　内閣府は二〇一七年四月をAV出演強要・「JKビジネス」等被害防止月間としました。こういうことには予算がつきます。

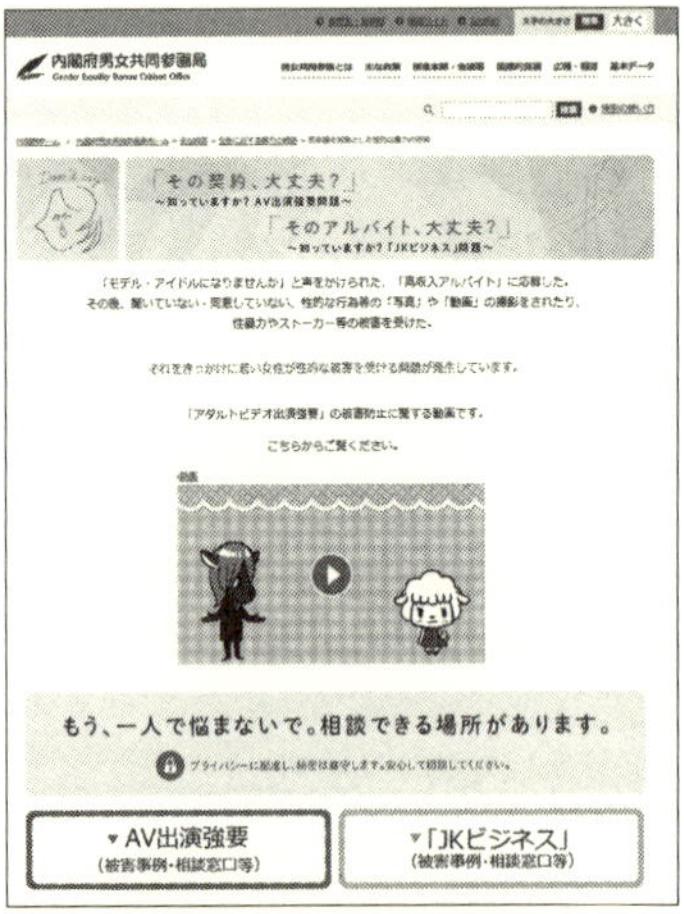

内閣府男女共同参画局のHP

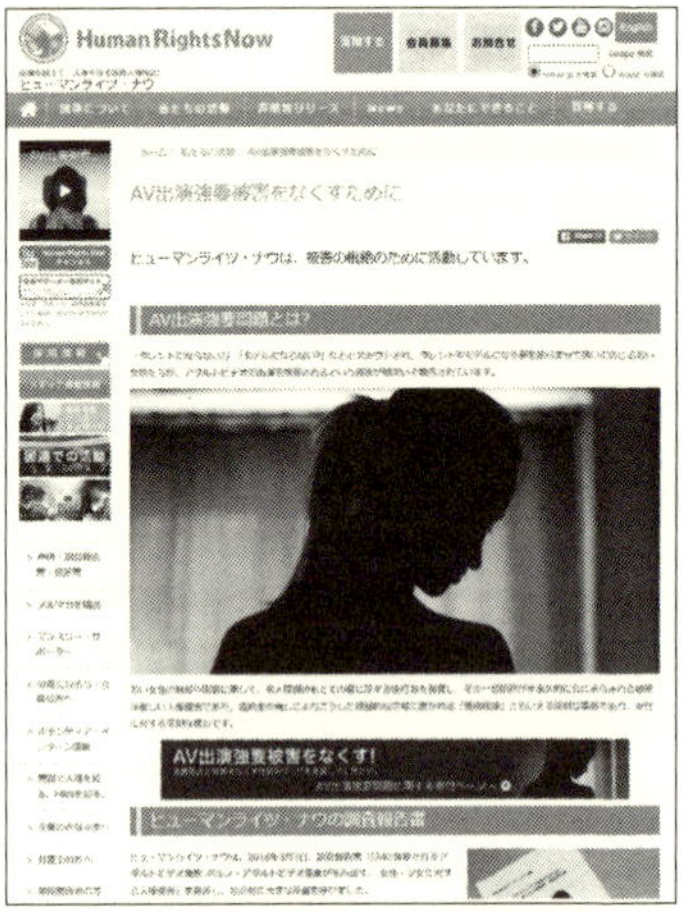

ヒューマンライツ・ナウのHP

倉山　ポスター貼るだけでしょ。そんなことやって何の意味がある？

はすみ　いいですか、**ここからがパヨクの本番です。それでは、終わらないのです。**

社会問題になりました。叩かれて沈静化します。しかし、**国が予算をつけたということは、AV女優が強制的に出演させられた、あるいは、女子高生ビジネスがあるということを国が認めた形になります。パヨクは当然、それを国連に持っていくわけです。**

倉山　国連！（笑）。そこで日本のAV強要問題が叩かれたときは、中国に守ってもらいましょう。日本のAV、日本よりも見ている。そして、日本もロビイストとして**蒼井《あおい》そら**（※注）を送り込む（笑）。そっちが宋美齢なら、こっちは蒼井そらだ。たぶん、中国人の人気は絶対にこっちのほうが高い。

はすみ　まじめに聞いてください。って、私も笑っちゃったけど。

従軍慰安婦問題で性奴隷などと言われていますよね。一応、日本側は「性奴隷」という言葉は不適切であるという答弁を出し、否定しました。

けれども、AV女優は「性奴隷」であるかのようにパヨクは話を

※注：蒼井そら
日本の元AV女優。中国での人気が特に高い。
倉山注：らしい。元AV女優なんか、峰なゆか（現漫画家。代表作『アラサーちゃん』）しか会ったことないので知らん。

持っていき、「現代の性奴隷を日本政府は予算を出して認めているじゃないか。過去における性奴隷はなんで認めないんだ」という論調へと国連を導いていくのです。パヨクは結局、そこに持っていくのです。

我らが広報部長、有田芳生&しばき隊

倉山　さあ、みんな大好き芳生《よしふ》スターリン。少し重厚だった「モノホン・パヨク」、章の最後は軽めに閉じましょう。

はすみ　有田芳生先生、最近、パッとしませんが、四年前（二〇一四年）の話ですけども、おっぱい画像見たさにTwitterのスパムリンクを踏んで拡散したという事件がありましたよね。

倉山　何ですか、それ？

はすみ　「ここをクリックしたらおっぱいがポロリした画像が見られますよ」というエロスパムがあったのです。ふつうなら誰もわからないはずですが、クリックすると「有田芳生さんが画像をクリックしました」と自動拡散するスパムリンクだったらしくて、有田芳生がクリックしたことが世間に知れ渡ってしまったと、それだけの話ですが、恥ずかしいですよね。

倉山　国会議員がそれ、クリックするか？

はすみ　男性がおっぱいポロリ画像を見たいと思う気持ちは理解しますが、危機管理ができてい

ませんよ。国会議員としてうかつです。公式アカウントでクリックしたりして。

倉山　そういう他人の個人の嗜好《しこう》を叩くって私は……大好きですよ（笑）。とは言えませんが。パヨク・マスター芳生スターリン。この人、民進党で権力あるのかなあ。

はすみ　ないんじゃないですか。特にこれといって何かしていますか？

倉山　でも、「あ行効果」で常に民進党内トップ当選ですからね。「あ行効果」って知っていますか？

はすみ　聞いたことがあるようなないような。

倉山　五十音の若いほうが当選しやすいという法則があるんですよ。

はすみ　へ～。

倉山　だから、保守陣営も歌手の愛内里菜《あいうちりな》さんを出せばいいんですよ。あ行のはじめの「あいう」と三つ揃っています。

はすみ　あっそうか。それ、いいですね。

倉山　もう五年前の話ですけど、赤池誠章《あかいけまさあき》さんが参議院選挙で当選絶望のように言われているときに山梨の後援会に、私、行ったのです。参議院議員候補なのに五十人ぐらいしか集まっていない。それで「みなさん、赤池さんは当選の可能性がありますよ。〈あ〉で始まりますから」と激励したのです。本当に受かりましたからね。

はすみ　おおおおっ。

倉山　あ行効果。

はすみ　そういうものなんですね。

倉山　そういうものです。有田さんは落ちません。あ行は強い！

はすみ　あ行効果ね。

倉山　みんなの党でも上野宏史《うえのひろし》さん、強かった。主要政党の五十音の最初のほうの人というのは強い。

はすみ　じゃあ、青山繁晴さんとか強い。

倉山　私は二年前の参議院選挙のとき、青山繁晴と有田芳生は当選確実だと言ったのです。思想は関係ありません。政治のプロは「当たり前のことを、何言ってんの？」。ネトウヨのみなさんだけ「なんで？」。

　みなさん、永田町のことを勉強しましょう。青山さんの場合、一応、名簿で上に二人いたんですけどね。でも、有田さんは鉄板です。

はすみ　落としたいんですけどねー、なかなか。

倉山　比例代表で、それをやられると落とせないですよ。

はすみ　そうですよね。

倉山　矢野義昭さんという元自衛隊の方が民主党から出たことがあります。小沢一郎が立てて。投票用紙に名簿がありますが、後ろのほう。投票所で名簿の紙がはみ出ている（苦笑）。その一番端が矢野さん。一〇〇パーセント受からないわけですよ。二〇一〇年の参議院選挙のときですが。

だから比例代表というのは落としたい人を落とせない。中選挙区も。それに対して小選挙区は落としたい人を落とせる。田中真紀子ですら落としましたからね。あれは小選挙区だからできたのです。

小選挙区やめろと言っている連中は、保守ではない。保守は小選挙区制でなければダメなのです。小選挙区にも問題はいろいろありますが、ほかよりはマシ。そういうルールを知らないで批判しても仕方がないのです。

はすみ　まあ、有田さんを落とすのだったら、言い訳がきかないスキャンダルで。

倉山　それで立憲民主党に党を除名させるしかない。

はすみ　ただ、最近、警戒しているのか、めっきりおとなしくなってしまって。一時期はしばき隊の代表のように言われて持ち上げられていましたが。**しばき隊というのは朝鮮人の愚連隊みたいな連中**です。

倉山　はすみさんや千葉さんのサイン会に紛れ込んで来て、便所で本を踏んで写真を撮っているヤツらですよね。自分でそれを公開するか（苦笑）。

はすみ　本当にかわいいことをしてくれる。**有田芳生先生は、このしばき隊に「オレたちの代表」と讃えられていたの**です。

彼を社会的に叩けるネタというのは、それぐらいですかね。「あの朝鮮人愚連隊の代表なんだぜ」と。それから、おっぱいスパム。

倉山　あっ、**有田芳生としばき隊に対する最大の罵倒語、あった。青林堂の広報部長！**

はすみ　そう。「実は私と有田芳生、超仲いいんですよ」と。「今度、本を出すから、宣伝ヨロシクね！」と、そういう仲なんです（笑）。

倉山　意図せずやってくれる人ですよね、有田さん。有田が叩けば叩くほど、はすみさんの本、売れましたからね。

はすみ　**芳生マーケティング**と言われています（笑）。

倉山　いちおう青林堂は炎上商法じゃないと言い張っていましたが。

というわけで、本章ではパヨクと関係の深い官庁やNGO組織について話を進めてきて、最後はおまけのように有田芳生としばき隊に話題が飛びました。

はすみ　パヨクについての理解が進んで、特にモグラの巣の中の構造がよくわかるようになりました。

倉山　次章はパヨクを超えた左上がいよいよ登場です。

第七章

パヨクを踏み台にする左上＝公明党

日本《にほん》を動《うご》かしているのは私《わたし》だ！
法制局
主計局
公明《こうめい》ちゃんと見張《みは》っとけよ
アイアイサー！
どうあがいてもアングラから出《で》られない…

公明党は内閣法制局と財務省主計局が放った監視役

倉山　いよいよ私たちの対談も終わりに近づいてまいりました。最終章の中心は公明党です。**公明党はまさに左上中の左上です。**現在の安倍政権は長期化していますが、これは安倍さんが日銀人事で勝ったからです。黒田さんがお札を刷るから、株価が上がり、支持率が上がる。すると、選挙で野党に勝てるから、自民党で誰も引きずりおろせないと。それ以外ないです。強いて言えば、他が弱いだけ。

そういう状況で、あまりにも安倍さんが強くなり過ぎると困るので増税圧力をかけて蛇行運転させているわけです。だから、安倍政権がほどほどに強いのが丁度いいわけですよ。長期政権が続いてくれるのはいいが、自分らの既得権益を脅かさない程度にと。そのための監視役が公明党なわけです。

はすみ　誰の監視役？

倉山　憲法を変えられたくない内閣法制局であり、景気を本当に回復されては困る財務省主計局です。この人たちこそ、真のエスタブリッシュメント。公明党はエスタブリッシュメントから送り込まれた監視役として振る舞っています。それを縷々《るる》説明しましょう。

財務省がなぜ増税をしたがるかというと、景気が良くなって、強い総理が出てくると、自分らの統制がきかなくなるからです。ほどほどに景気回復して、生かさぬよう殺さぬようというのが財務省主計局なのです。

その財務省に安倍さんが本気で戦いを挑んでいるかというと、それは最初の半年だけだった。その半年すら本気だったかどうか怪しい。ここまで政権が続いてきたのは五年前の日銀人事で勝ったご褒美です。五年たった今年二〇一八年の人事で、安倍さんは勝ち切れませんでした。黒田東彦《はるひこ》総裁の留任は、アベノミクスを今後も続けるという意思表示。若田部昌澄《わかたべまさずみ》早稲田大学教授の副総裁は、アベノミクスによる景気回復を考えたリフレ派と呼ばれる経済学者グループから送り込まれた人です。

はすみ　おー。

倉山　ここまではいいのですが、もう一人の副総裁が雨宮正佳《あまみやまさよし》。この五年間は日銀理事としてアベノミクスと黒田総裁を支えた人材ということで昇格ですが、その前の十五年間は、あらゆるデフレ政策を企画立案した中枢です。

はすみ　ダメじゃん。

倉山　しかも、七十三歳と高齢の黒田さんが任期途中で引くとなれば、この雨宮さんが総裁に昇格します。

はすみ　暗澹《あんたん》たる気持ちになりますね。

倉山　二〇一九年十月には消費税を一〇％に上げると安倍総理自ら明言しています。それまでに景気回復できるのか。

はすみ　増税と言えば、公明党は増税したいのですか？

倉山　公明党にしても創価学会支持者にしても本当に一〇パーセントに増税されては困るけれど、八パーセントあたりで、ほどほどに弱い安倍ぐらいが丁度いい。つまり、**安倍内閣とエスタブリッシュメントの両方のバランスを取っているのが公明党**です。

憲法改正の目的は保守のガス抜き

倉山　安倍さんは集団的自衛権の解釈変更や憲法九条の改正を志向していますが、内閣法制局のこれまでの解釈を侵さない程度のものだったら、つまり毒にも薬にもならない程度の改正だったらOKというのが公明党の立ち位置です。

まあ、**憲法改正ができたところで保守に対するガス抜きにしかなりません。九条改正って何のためにしたいの？　それは、保守派の連中に現状を肯定させるためです。**

はすみ　えっ？　はあ。

倉山　**自衛権の解釈は変更しない**と言っている。

はすみ　うんうん、言っています。

倉山　**それは誰の解釈？　内閣法制局。**

では、その解釈によると自衛権とは？　必要最小限度の自衛の力を越えないもの。

はすみ　意味がわからない。

倉山　最低限の自衛力より下。つまり、自衛力を持っていないから自衛隊は軍隊じゃないからいいんだそうです。

はすみ　はっ。力が抜けます。

倉山　以上のような解釈を維持する。本来、いかなる力を使ってもいいのが軍隊なのです。

はすみ　軍隊とはそういうものですよね。

倉山　**過剰防衛という概念がないのが軍隊なのです。Aggression はあっても過剰防衛はない。結果的にやり過ぎることはあっても、あらかじめ過剰防衛について考えるという発想はないのです。ところが、その解釈を維持したまま、自衛官のみなさまが勲章をもらえるようにしてあげようと。**

ちなみに、この Aggression、辞書には「攻撃」「侵攻」「侵略」などの意味が載っています。日本語では「侵略」と訳される場合が多いですが、この訳語は Aggression より野蛮なニュアンスを持っています。「侵攻」が一番正確です。

はすみ　改正して唯一救われるのは、自衛官が捕虜《ほりょ》になったときに、ちゃんと捕虜として扱ってもらえるというくらいじゃないですか。

倉山　それデマ！　今でもできます。

はすみ　今でも？　そうなんですか？

倉山　できます。**自衛隊はパラミリタリー、準軍隊なので、国際法的には軍隊です。国際法上、各国がお互いに軍隊を持つことを認めあっています。それを前提として、それぞれの国が国内法で軍隊としての要件を整えるのです。日本国は外国が軍隊を持つことも認めているし、外国も日本国が軍隊を持つことを認めているのです。日本の特殊事情は、日本の国内法が自衛隊を軍隊にしていないこと。ただそれだけです。憲法は関係ありません。**

自衛隊が国際法違反なら、警察予備隊ができたときに即刻、廃止してなきゃいけない。実際に、社会党左派の鈴木茂三郎という人は、そんなものつくらせないとばかりに、いきなり最高裁に訴えてきました。もちろん通るわけがありません。つまり、日本国政府も最高裁も警察予備隊以来、そういう解釈を取ってないわけです。したがって、警察予備隊の設立時点で国際法の資格は備えていますから、その議論はデマです。

はすみ　デマですか！　じゃあ、中共の解放軍……あれはどうなるんですか。

倉山　彼らは、国際法を守った場合、捕虜資格がある。彼らが国際法を守る人たちか、正々堂々とした連中かどうかは知りませんよ。彼らが国際法を守って正々堂々と振る舞うなら、こちらも彼らを保護してやってもいい。

はすみ　相互関係ですからね。

倉山　そういうことです。ちなみに、その自衛隊が国際法の捕虜資格がないって誰から聞きました？

はすみ　もう四～五年前かな。保守系の論者から。

倉山　それ、デマですね。そういう不正確なことを平気で言う。憲法を変えるためにデマを流すとか平気でやります。考えなしに言っている人もいますが。

そんな解釈されたら現場の自衛官、たまったものではありませんよ。

はすみ　ええ。だから、それを聞いたときは、びっくりしちゃって。そんなの、たまりませんよね。

倉山　その点は嘘ですから安心してください。同じ思想の人だから常に本当のことを言うだろうと思ってはいけません。間違いもありますから。

はすみ　はい。よく、そんな状態で海外派遣などに行けるなあと思いました。

倉山　国際法を知らず、日本国の国内法だけで考えるから、わけがわからなくなるのです。

話を戻すと、公明党はうまく立ち回っています。安倍内閣とエスタブリッシュメントのバランスを取っていて。**公明党は実はパヨクなんか相手にしていません。左っぽいのは、創価学会で本気の左翼思想の人がいるのでそちらへの配慮**かな。

だから、結局、公明党が喜ぶような憲法改正をやってどうするのだ、内閣法制局が喜ぶような憲法改正をやってどうするのだ。そもそも財務省主計局に勝ちきれないで、日銀人事に勝ちきれないで何ができるのだ。そういう批判が保守から安倍政権に浴びせられたというのを聞いたことがない。

まさに、第六章ではすみさんが言っていたように、**地上に出てきたモグラは叩かなければいけません。モグラが暴れまわるから。でも、敵の巣に総攻撃をかけて根こそぎ潰さないと永久にモグラ叩きです**からね。

はすみ　それは適材適所で、みんなが全部をやらなくても、私モグラ叩き担当、あなた巣の中突撃隊という感じで分担してやったらいいのでは？

倉山　ただ、**天王山は日銀です。日本の運命は九人の日銀委員が握っています**からね。

はすみ　はい。

倉山　私は、白川さんが日銀の総裁であったとき「チベットを守りたかったら、日銀・白川を討て」とかね。「慰安婦問題を解決したかったら白川を討て」「待機児童の問題を解決したかったら白川を討て」「少子化問題を解決したかったら白川を討て」とどんな関係がない話題でも「白川を討て」と言っていました（笑）。

実際に、それはつながってしまうんです。憲法改正を絶叫しているだけで、日銀人事に触れないヤツはニセモノと断定していいですよ。日銀人事に勝ちきらないような安倍内閣では何もできません。

まあ、結局それ、安倍・菅《すが》と側近数人はわかっている……かなあ。

経済再生で始まって憲法改正で終わるのなら、主計局に勝って始まり、法制局に勝って終わ

るということなのですが、何をするにしても常に公明党がお目付け役として安倍内閣に張りついている。

はすみ 公明党って何げにすごいですよね。

自民党の母体は今や創価学会が支えている

倉山 **自治労や日教組が社会党を乗っ取った（第六章参照）のと同じように、今、自民党の組織が、創価学会になっている。農協とゼネコンの力が弱まったから、創価学会に頼らないと自民党が勝てないのです。それが気に入らないといって公明党・創価学会と手切れしたら自民党、あっという間に野党に転落ですよ。**

はすみ そうですよね。そうなると、どこが与党になっちゃうんだろう？

倉山 公明党・創価学会がついたほうが与党ですよ。

はすみ そういうこと？

倉山 創価学会がついても負けたときがありました。民主党政権が誕生したときです。このとき自民党は創価学会がついても逆風が吹いたら勝てないぐらい弱い組織だとバレてしまいました。

都議選などもっと悲惨です。島でしか勝っていません。檜原村《ひのはらむら》でも負けたんですよ。檜原村と言えば東京のチベットと呼ばれる山村です。その檜原村で勝てなかったら島根・鳥取以外のどこで勝つんだ!?　つい名前を挙げてしまいましたけど。とにかく、そんな**山奥ですら勝てないぐらい自民党の組織力は弱まっているのです。社会党が自治労・日教組に逆らえなくなったように、もはや自民党は創価学会の意向抜きに当選できる人はいません。**

比例区で当選する議員は創価学会の力を借りていません。しかし、議員間の力関係は比例区の議員より小選挙区で当選した人、つまり、創価学会の力で当選した人のほうが強いという構造です。衆議院の比例単独とは党幹部のご機嫌をうかがって当選した人とみなされるのです。小選挙区で勝ってはじめて認められる。衆議院の比例単独というのは自力がないとみなされて、発言力がないのです。

ところで、第一章でも触れた**沖縄の構図ってすごいですよね。中国共産党の侵略を公明党・創価学会が守ってくれる。**

はすみ　すごいですよね。なんだろう、公明熱!?

倉山　そんなことでいいのかなあ。保守は公明党に学べという結論ですか（笑）。公明党は要所要所で急所をついてきますからね。

わかった！　安倍さんの後は公明党から山口（那津男）首相でどうですか。

はすみ　いいかもしれない。なっちゃん、嫌いじゃないぜ。

山口那津男・公明党代表

倉山　なっちゃんはね〜、存在感のなさが半端じゃない。一緒にエレベーターに乗っていても、誰だか気づきません。

はすみ　そんなに？　イケメンになったねずみ男みたいな山口那津男。

倉山　真の武道の達人は普通のオッサンにしか見えないと言いますが、山口さんはその領域です（笑）。

はすみ　オーラを消している。私はなっちゃんの軽やかな喋り方も好き。

倉山　冗談はともかく、公明党議員はよく勉強していますよ。

はすみ　よくあれだけ組織をつくったものですよね。

倉山　七十年、数えようによっては百年、負けっぱなしの中で這《は》い上がってきましたからね。保守が一年や二年で彼らに勝とうなんて、結局、虫が良過ぎます。

公明党についてまとめますと、**本当の意味での左、パヨクを踏み台にしている左上が公明党です。その公明党を、現状肯定派の法制局や主計局が、安倍さんが自分たちの既得権益を侵さないようにお目付け役に使っているという構造なわけです。**

はすみ　今回の対談では、目からウロコな話がたくさんありました。知っている人にとっては常識なのかもしれませんけど。

倉山　一般の人にはあまり知られていないけれども、知っておいたほうがいいこと、特にパヨク叩きの基礎知識みたいなことですよね。

はすみ　ためになる貴重なお話、ありがとうございました。

倉山　こちらこそ興味深いお話をありがとうございました。はすみさんのおかげでテンポよく実り多い対談になりました。

［略歴］

倉山　満（くらやま・みつる）

1973年、香川県生まれ。憲政史研究家。中央大学文学部史学科国史学専攻卒業後、同大学院博士前期課程を修了。在学中より国士舘大学日本政教研究所非常勤研究員を務め、2015年まで日本国憲法を教える。現在、ブログ「倉山満の砦」やコンテンツ配信サービス「倉山塾」やインターネット番組「チャンネルくらら」などで積極的に言論活動を行っている。著書に、『学校では教えられない歴史講義 満洲事変』（ベストセラーズ）、『検証 検察庁の近現代史』(光文社)、『工作員・西郷隆盛 謀略の幕末維新史』(講談社)、『誰も教えてくれない真実の世界史講義 中世編』(PHP研究所)、『世界の歴史はウソばかり』『悲しいサヨクにご用心！』(ともにビジネス社)など多数ある。

はすみ　としこ

1978年2月生まれ。元看護師。ホワイトプロパガンダ漫画家。フランスアングレーム国際漫画祭に慰安婦漫画を出品するも、主催者によって作品を没収。のちにリメイク漫画「日韓友好へのススメ。」を夕刊フジにて連載。テキサス親父から戦い方を学び、2014年にデンマーク領フェロー諸島、和歌山県太地町にてシーシェパードを取材。2015年に、シリアの偽装難民を揶揄した風刺画「そうだ難民しよう！」を発表。世界からも賛否両論を生み、トランプ米国大統領候補(当時)と並んで、「シリア難民に最悪のリアクションをした7人」にランクイン。2016年にスイスジュネーブにて国連人権理事会を取材。著書に『そうだ 難民しよう！』『それでも反日してみたい』(ともに青林堂)がある。

撮　　影／中谷航太郎
本文イラスト／はすみとしこ

面白いけど笑ってはいけない！（国民の敵はここにいる）

2018年6月9日　　第1刷発行
2018年7月1日　　第2刷発行

著　者　倉山 満　はすみ としこ
発行者　唐津 隆
発行所　株式会社ビジネス社

〒162-0805　東京都新宿区矢来町114番地 神楽坂高橋ビル5F
電話　03(5227)1602　FAX　03(5227)1603
http://www.business-sha.co.jp

〈カバーデザイン〉常松靖史（チューン）
〈本文組版〉メディアタブレット
〈印刷・製本〉中央精版印刷株式会社
〈編集担当〉本間肇　〈営業担当〉山口健志

ISBN978-4-8284-2029-5